KB097971

운명을
뛰어넘는
힘

포기하는 사람에서 끝까지 해내는 사람으로

운명을 뛰어넘는 힘

안도 주코 지음 — 오시연 옮김

잘되는 사람은 재능 덕,
못 되는 사람은 유전 탓?

일본에서는 매년 연말, 그해 화제가 된 신조어·유행어 순위를 발표한다. 2021년에는 '부모 뽑기(오야 가차, 親ガチャ, 한국의 흙수저와 비슷한 개념—옮긴이 주)'라는 말이 신조어·유행어 대상 상위 10위에 들었다. 부모 뽑기는 동전을 넣고 돌리면 작은 장난감이 든 캡슐이 나오는 뽑기 게임인 가차(ガチャ)와 부모라는 뜻의 오야(親)가 합쳐진 신조어다.

사람의 인생은 대부분 어떤 부모에게서 태어나느냐에 따라 결정된다. 운명은 돈을 넣고 돌리는 장난감 자판기의 뽑기와 같아서 개인의 노력으로는 어쩔 수 없고 운에 달려 있다. 이런 특징 때문에 오늘날 젊은이들이 느끼는 무기력감을 상징하는 말로써 유행하고, 또 주목받은 것으로 보인다.

　행동유전학적 관점에서 보면 인생이 하나부터 열까지 뽑기 게임이라는 것은 지극히 당연한 생물학적 필연이다. 그런데 가만 보니 사람들은 이 단어를 '유전'과 '환경'이라는 요인을 구분하지 않고 사용하고 있었다. 사회학자들은 '문화 자본론' 같은 이론을 들이대며 설명하기도 하는데, 이 이론은 환경에 기인한 설명이 많고 유전 쪽에는 전혀 관심을 두지 않는다. 항상 그래 왔지만 나는 이런 설명에 마음이 불편했다.

　2020년, 마이클 샌델(Michael Sandel)의 《공정하다는 착각》이라는 책이 출판되며 눈길을 끌었다. 샌델의 이론은 존 롤스(John Rawls)의 《정의론》과도 밀접한 관련이 있다. 롤스는 유전적 능력으로 인한 선천적 차이까지 논했지만, 1970년대라는 시대의 한계에 부딪혀 유전에 대해서는 알 수 없다는 전제에 머물렀다.

　롤스는 인간의 정의를 생각하려면, 구성원들이 마치 베일을 쓴 것처럼 서로의 신분과 지위, 재산, 유전 등을 알지 못하는 상황부터 전제되어야 한다고 보았다. 그는 이런 상황을 '무지의 베일(veil of ignorance)'이라고 표현했는데, 이 유명한 실험에서 무지의 베일은 정작 유전에만 적용되었다.

　시대는 크게 변했다. 유전자 염기 서열을 모두 읽어 내는 전장 유전체 연관 분석(GWAS, genome wide association study)으로 산출되는 다유전자 점수(자세한 내용은 본문에서 설명하겠다)를 통해 우리는 개인마다 지능의 유전적 소인을 파악할 수 있게 되었다. 아직 두꺼운 유리 너머로 보이는 모습처럼 희미하지만, 그래도 아련하게나마 유전자의 모습이 구체적으로 보이기 시작했다.

뇌 과학도 눈에 띄게 발전했다. 인간의 정신 활동이 뇌의 어떤 네트워크 활동으로 수행되는지 상당히 구체적으로 알게 되었다. 나아가 모든 뇌 활동을 설명할 수 있는 획기적인 이론도 등장했다. 뇌가 외부 자극에 그저 수동적으로 반응하고 학습하는 기관이 아니라, 능동적으로 외부 세계를 예측하는 모델을 만들고 현실과의 괴리를 최소화하기 위해 인식과 감정을 내적으로 만들어 낸다는 이론이다.

이것들을 전통적인 쌍둥이법을 이용한 행동유전학의 성과와 결합하면 부모 뽑기는 곧 유전 뽑기가 된다. 또한 부모에게서 제공받은 환경 뽑기의 영향은 제한적이라는 사실을 알 수 있다. 아무도 탓할 수 없고 도저히 예측할 수 없는 우연한 상황과 맞닥뜨리는 것이 환경 뽑기의 본질임이 명확해졌다.

뇌는 유전이라는 내부 뽑기와 환경이라는 외부 뽑기가 마구 뒤얽힌 상황에서 끊임없이 이 세계에 대해 확률을 계산하고, 인식하고, 행동하고, 학습한다. 유전적 소인이라고 불리는 것은 이

과정에서 막연한 내적 감각으로만 인식되며, 경험의 과정을 거치며 우리 사회에 '능력'과 '재능'이라는 형태로 표현된다. 내가 이 책을 쓴 이유는 이러한 사실을 젊은 세대에게 꼭 전하고 싶었기 때문이다.

Chapter 1에서는 '뽑기'처럼 본인이 어떻게 할 수 없는 운명 앞에서도 왜 포기할 필요가 없는지 유전의 진실에 대해 알려준다. 유전이라는 개념에는 종종 오해가 따른다. '유전은 부모에서 자식에게 전해진다', '유전으로 운명이 결정된다', '유전된 것은 평생 변하지 않는다' 등등. 여기서는 이런 인식들이 옳은지에 관해서도 다시 한번 짚어 보았다.

Chapter 2는 스스로 그어놓은 한계선을 어떻게 벗어날지 고민해 본다. 인생 뽑기에 완전한 꽝이란 없다는 사실을 알리고, 진짜 능력이란 어떤 것이어야 하는지 이야기해 보았다.

Chapter 3부터 5까지는 태생적으로 결정된 운명 앞에서 어떻게 나의 가능성을 발견하고, 가치를 만들고, 성장시킬지 생각해 본다. 또한, 최근의 유전자 및 뇌 연구 결과와 나의 개인적이고 소소한 경험을 바탕으로 우리 사회에서 긍정적으로 살아가려면 어떻게 해야 할지 고민하고, 총 9가지 방법으로 나누어 제안해 보았다.

유전 뽑기와 환경 뽑기로 거의 모든 것을 설명할 수 있다니 이 세상은 참 불평등하다. 하지만 다르게 생각하면 '세상 모든 사람이 뽑기 때문에 불평등하다'는 의미에서는 평등하다고도 볼 수 있다.

유전자가 만들어 낸 뇌는 뽑기에 좌우되는 환경 속에서도 능동적으로 미래를 그리는 기관이다. 그렇다면 뇌의 작용이 수행하는 내적 감각을 인지하고, 그 불평등함을 활용해 오히려 긍정적으로 살 수 있지 않을까? 나는 독자들이 이 책을 읽으면서 그 점을 함께 생각해 주기를 바란다.

게이오기주쿠 대학교 문학부 교수
안도 주코

CHAPTER 1.

포기하지 않는 사람이
미래를 바꾼다

CHAPTER 2.

한계에 갇혔을 때
기억할 3가지

CHAPTER 3.

어떻게 나의 가능성을
발견할까?

CHAPTER 4.

어떻게 나의
가치를 만들까?

CHAPTER 5.

어떻게 나를
성장시킬까?

CHAPTER
1

포기하지
않는 사람이
미래를 바꾼다

유전은 트럼프 카드나 마작 등 게임을 할 때
처음 나누어 받은 카드 같은 것이다.
나라는 인간을 내부에서 '나다운' 독특한 형태로
만들어 내는 잠재성의 카드,
그것이 유전이다.

우리의 삶이
'운'에 좌우되기는
하지만

그런데,
유전이 뭐지?

주변을 둘러보면 세상에는 정말 다양한 사람이 있다는 것을 새삼 깨닫는다. 학교 친구들을 보자. 그렇게 열심히 공부하는 것 같지 않은데도 항상 성적이 좋은 사람도 있고, 운동이라면 뭐든 잘하는 사람도 있다. 어떤 사람은 그림을 잘 그리고, 또 어떤 사람은 노래를 잘 부른다. 선생님을 성대모사 해서 반 친구들을 웃기는 까불이가 있는가 하면, 항상 차분하고 이성적인 학자 같은 사람도 있다.

사람들이 높이 평가하는 성향만 두드러지는 것은 아니다. 공부를 못하는 사람도 있고, 성격이 어두운 사람도 있다.

공부나 운동을 잘하는 사람도 뭐든지 다 잘하는 만능형은 아니다. 수학은 잘하지만 세계사는 어려워하는 사람도 있고, 축구가 특기지만 장거리 달리기는 못하는 사람도 있다.

여기에서는 단순하게 '축구가 특기'라는 표현을 썼지만, 같은 종목에서도 더 잘하고 못하고를 따질 수 있다. 앞쪽에서 득점을 노리는 포워드와 골을 지키는 골키퍼에게는 각각 필요한 능력이 다르다. 그뿐만 아니라 같은 포워드라도 여러 유형의 선수가 있다.

인간의 능력과 개성이 다양하다는 사실은 여기서 일일이 짚어 보지 않아도 이미 잘 알고 있을 것이다. 정신적, 육체적 특징의 세세한 부분까지 살펴보면 같은 사람을 한 명도 찾아볼 수 없을 정도다. 이런 가운데 '나는 나, 너는 너'라고 달관할 수 있으면 좋겠지만, 능력이 뛰어난 사람을 보면 어쩔 수 없이 자기 자신과 비교하게 된다.

나는 무슨 수를 써도 할 수 없는 일을 식은 죽 먹기로 해내는 사람이 있다. '내가 아무리 열심히 연습하고 공부해도 저 녀석은 절대 이길 수 없어.' 이런 생각이 들면서 타인과 자신의 능력 차이를 느낄 때 우리는 무심코 '저건 타고난 재능일 거야', '저건 유전이야, 유전'이라고 말하고 싶어지는 것이 아닐까?

'유전'이라는 말은 평소에 흔히 쓰이지만 동시에 자주 오해받는 말이기도 하다. 도대체 유전이란 무엇일까? 유전은 트럼프 카드나 마작 등 게임을 할 때 처음 나누어 받은 카드 같은 것이다. 나라는 인간을 내부에서 '나다운' 독특한 형태로 만들어 내는 잠재성의 카드, 그것이 유전이다.

인간의 유전자는 DNA(deoxyribonucleic acid, 데옥시리보핵산)의 A(아데닌), T(타이민), C(사이토신), G(구아닌)라는 네 가지 염기의 긴 조합으로 이루어지며, 23쌍 46개의 염색체에 DNA 코드가 저장되어 있다. 아버지와 어머니의 몸에서 정자와 난자가 생성되면 짝을 이룬 염색체가 둘로 나뉘고, 이 중 하나가 무작위로 선택되는 감수 분열이 일어난다.

염색체가 분할될 때, 짝을 이룬 염색체 곳곳에서 다시 무작위로 재조합되면서 유전자 서열이 섞인다. 이렇게 생긴 정자와 난자가 수정란으로 수정되면 아버지와 어머니의 유전자 서열과는 다른 유전자 서열이 아이에게 전해진다. 이런 식으로 아이에게 전달되는 유전자의 조합 방법을 '유전자형'이라고 한다.

어떤 유전자형을 가지고 있느냐에 따라 아이에게서 다양한 형질이 나타난다. 형질이란 개체에 나타나는 형태나 기능의 특성을 말한다. 이때 겉으로 드러나 관찰할 수 있는 형질을 '표현형'이라고 한다. 일부 표현형은 귀지의 형질(끈끈한 젖은 귀지인지 잘

부스러지는 마른 귀지인지)이나 혈우병, 적록색맹같이 단일 유전자에 의해 결정된다. 하지만 대부분 '폴리진(polygene)', 즉 여러 유전자가 관여한다. 어떤 유전자형이 어떤 표현형에 대응하는지는 꾸준히 밝혀지고 있지만, 현재로서는 설명할 수 없는 부분이 더 많다.

유전이라는 말을 들으면 사람들은 종종 부모와 자녀의 닮은 모습을 떠올린다. 부모에서 자녀로 표현형이 '전달'되기 때문이다. 이 부분은 다른 질문에서 다시 이야기하려 한다. 유전에는 표현형의 전달보다 더 많은 의미가 있기 때문이다.

여기에서 말하는 '유전'이라는 단어는 부모에게서 물려받았지만, 아이만의 독자적 조합으로 형성되는 유전자형 전체를 가리킨다고 생각하면 된다.

사람들은 머리카락 색깔, 피부색, 생김새가 유전으로 결정된다는 사실을 당연하게 여긴다. 그렇다면 그 밖의 형질은 어떨까? 예를 들어 운동 잘하는 것은 유전일까? 익살스러운 성격은 유전일까? 공부 잘하는 것은 유전일까?

"유전도 있겠지만 그게 다는 아니지."
"사람의 특징은 유전보다 환경에 따라 결정되지."

이렇게 생각하는 사람이 많은 듯하다. 그렇다면 어떤 사람이 갖추고 있는 형질, 즉 '그 사람다움'에 유전과 환경은 어느 정도 영향을 미칠까?

쌍둥이면 재능까지 똑같을까?

행동유전학은 이것을 연구하는 분야로 주로 쌍둥이법을 통해 진행한다. 쌍둥이법은 말 그대로 쌍둥이의 데이터를 활용해 조사하는 방법이다. 쌍둥이에는 일란성 쌍둥이와 이란성 쌍둥이 두 종류가 있다.

일란성 쌍둥이는 하나의 수정란에서 태어나 원칙적으로 같은 유전자형을 가진다. 자연적 복제 인간이라고 할 수 있다. 반면 이란성 쌍둥이는 두 개의 다른 수정란이 같은 시기에 생겨서 태어나며, 유전자형은 쌍둥이가 아닌 형제 사이 정도로만 비슷하다. 일란성 쌍둥이인가 싶을 정도로 비슷할 수도 있지만, 전혀 닮지 않을 수도 있다. 성별조차 다를 수도 있다. 평균적으로 유전자형의 유사도는 50퍼센트 정도다(앞서 말했듯이 한 쌍의 염색체가 반으로 감수 분열될 때 그중 하나가 무작위로 전달되기 때문이다. 그래서 형제자매 간에 일치할 확률은 두 개 중 하나, 즉 50퍼센트다).

쌍둥이법은 일란성 쌍둥이와 이란성 쌍둥이가 어느 정도 비슷한지 그 특성을 비교하며 유전의 영향을 조사한다. 같은 환경에서 자란 일란성 쌍둥이와 이란성 쌍둥이에 대해 여러 형질을 조사했더니 일란성 쌍둥이가 더 비슷하다면 그것은 유전의 영향이라는 결론이 나온다.

당연한 이야기지만, 한두 쌍의 쌍둥이 비교는 별로 의미가 없다. 수백에서 수천, 때로는 수만 쌍의 쌍둥이 데이터를 활용해 집단 수준에서의 유사도를 알아보는 것이 쌍둥이법의 핵심이다. 이를 위해 연구원들은 많은 쌍둥이가 연구에 협조할 수 있도록 쌍둥이 등록부를 만들고 있다. 우리 팀도 주민기본대장*을 참조해 약 4만 쌍의 등록부를 만든 뒤 연구에 협조해 달라고 요청했다.

우리는 연구에 협조해 준 쌍둥이를 대상으로 지능과 학업 능력 등의 능력 검사를 비롯해 성격과 사회성, 소득과 스트레스에 대한 설문 조사와 정신 질환 및 약물 의존도 검사를 수행했다. 그 뒤 이 결과를 수치화해 통계 처리했다(일란성 쌍둥이와 이란성 쌍둥이의 유사도에서 어떻게 유전과 환경의 영향을 산출하는지는 〈COLUMN : 유전율 산출 방법〉 참조).

그렇게 산출되는 것이 유전, 공유 환경, 비공유 환경의 영향률이다. 지금부터 환경에는 공유 환경과 비공유 환경이라는 두 가

---

* 일본에서 각 지자체가 관리하는 일종의 주민등록 제도다.

지 요소가 있다는 점을 기억해 두자. 공유 환경은 가족 구성원을 '닮게 하는 방향으로 작용하는 환경'이고 비공유 환경은 그와 반대로 가족 구성원을 '다르게 하는 방향으로 작용하는 환경'이다(자세한 내용은 〈COLUMN : 공유 환경과 비공유 환경〉 참조).

머리부터 발끝까지 다 유전이다

쌍둥이법을 통해 우리는 무엇을 알 수 있었을까? 예를 들어, 지문은 90퍼센트 이상이 유전의 영향이고, 비공유 환경의 영향은 약간만 받는 것으로 나타났다(유전에 의한 설명률을 유전율이라고 한다). 지문 패턴이 거의 유전을 따른다는 이야기는 누구나 수긍할 것이다. 식이 요법이나 훈련으로 지문 주름의 수와 모양을 바꿀 방법은 없으니 말이다.

다른 형질은 어떨까? 키와 몸무게는 유전율이 약 90퍼센트이며, 비공유 환경의 영향력은 몇 퍼센트에 불과했다. 의외로 공유 환경은 거의 영향을 미치지 않는다. 신경질*, 외향성, 근면성, 새로운 경험에 대한 개방성 등의 성격 특성은 약 50퍼센트의 유전율을 가지고 있다.

조현병, 자폐증, ADHD에 관해서는 80퍼센트 정도가 유전이

---

* 불안해하는 성향이 강하고 신중한 성격을 가리킨다.

다. 음주나 흡연 같은 물질 의존에 대한 유전율은 50퍼센트가 조금 넘는다. 반사회적인 문제 행동은 약 60퍼센트의 유전율을 보인다. 그리고 지능의 유전율은 50~60퍼센트이다. 신체뿐만 아니라 지능, 학업 능력, 성격 같은 능력과 심리적 측면도 포함한 대부분의 형질은 30~70퍼센트의 유전율을 보인다.

누구든 환경에 따라 얼마든지 변할 수 있다고 생각하는 이에게는 꽤 충격적인 결과일 수도 있다. 이러한 연구 결과가 쌓이자 행동유전학자 에릭 투르크하이머(Eric Turkheimer)는 행동유전학의 세 가지 원칙을 제창했다. 투르크하이머의 행동유전학 제1원칙에 따르면 인간의 모든 행동 특성은 유전적이다. 누군가 지닌 '그 사람다움'에 유전이 미치는 영향은 환경만큼이나 크다.

반만 닮는다는 착각

투르크하이머는 모든 형질의 유전율은 30~70퍼센트 사이의 값을 가진다고 했다. 그렇다면 이 유전율이라는 값, 혹은 공유 환경과 비공유 환경의 영향률이라는 값은 무엇을 의미할까? 흔히들 오해하는 지점이 여기인데, 유전율은 부모로부터 물려받는 유전자의 비율을 뜻하는 것이 아니다.

예를 들어, 지능의 유전율이 50퍼센트라고 할 때 부모 지능의 반이 자녀에게 유전된다는 뜻은 아니다. 통계학적으로 말하면, 유전율은 어떤 형질이 지닌 표현형의 분산(분산 상태)이 유전자의 분산에 의해 설명되는 정도를 나타내는 지표다. 이렇게 설명하면 대부분 이해하기 어려울 테니 예를 들어 보겠다.

앞서 언급했듯이, 지문 패턴의 유전율은 90퍼센트나 되었다. 손가락을 심하게 다치거나 하는 특별한 사건이 일어나지 않는 한 지문 패턴은 변하지 않는다. 유전율이 높은 형질일수록 환경이 변해도 영향을 잘 받지 않으므로 여간해서는 변하지 않는다.

반면 유전율이 80퍼센트인 형질은 유전율 100퍼센트인 형질에 비해 환경을 바꿔서 변화시키기 쉽다. 그리고 유전율이 50퍼센트인 형질은 80퍼센트인 형질보다 더욱 바뀔 가능성이 크다. 바꿔 말하면 유전율이 높은 형질일수록 변화하기 어렵고, 유전율이 낮을수록 환경의 변화나 본인의 노력 등에 따라 상대적으로 변화하기 쉽다는 말이다. 좀 더 정확하게 말하자면, 현재 우리가 속한 사회에서 특정 환경의 다양성 속에서 '변화하기 쉬운 정도'를 나타낸다.

예를 들어, 먹을 것이 없어 아사 직전인 환경과 항상 먹을 것이 넘치는 환경이 공존하는, 즉 환경에 현저한 차이를 보이는 두 사회가 있다고 치자. 두 사회를 비교하면, 전자는 환경의 변동 폭이 큰 만큼 유전율이 낮아진다. 유전율은 온전히 생물학적 상수가 아니라 환경 변동의 크기에 따라서도 값이 달라진다.

　몸무게는 유전율이 90퍼센트 이상이므로 변화하기 어려운 형질이다. 살찌기 쉬운 유전자를 갖고 태어난 사람은 그런 유전자가 없는 사람보다 훨씬 많이 노력해야 살을 뺄 수 있다. 유전율이 90퍼센트라고 해서 절대 바꿀 수 없는 것은 아니지만, 바꾸기 위해서는 상당한 어려움이 따른다. 인간이 갖추고 있는 '그 사람다움'은 환경만큼이나 유전의 영향을 받는다는 것이다. 우선 그 점을 바르게 인식해야 한다.

유전율 산출 방법

쌍둥이법은 일란성 쌍둥이와 이란성 쌍둥이의 유사성을 기반으로 유전율을 산출한다. 여기서 산출 방법을 간단히 설명하겠다. 먼저 연구에 협조해 준 쌍둥이에게서 얻은 지능과 학업 능력 검사, 정신 질환과 및 약물 의존도에 관한 설문 조사와 진단 결과를 수치화한다. 다음으로 일란성 쌍둥이 그룹과 이란성 쌍둥이 그룹으로 나눈 다음 각 쌍의 한쪽 점수를 x축, 다른 한쪽을 y축으로 표시한다. 모든 쌍둥이가 완전히 동일한 값이라면 점은 대각선으로 정확히 45도의 직선상에 표시되겠지만 실제로는 그렇지 않다. 오른쪽으로 올라가는 직선으로 보이는 점들의 집합이 생긴다.

생성된 점들의 집합을 나타내는 직선(회귀 직선)을 비교해 보면, 일란성 쌍둥이가 이란성 쌍둥이보다 뚜렷하게 우상향 직선을 그리는 것을 알 수 있다. 쌍둥이의 유사성이 높으면 높을수록 상관 계수는 1에 가까워진다. 모든 쌍이 완전히 점수가 일치하는 경우 상관 계수는 1이고 전혀 상관이 없는 경우의 상관 계수는 0이다. 상관 계수를 구하는 과정이 다소 까다롭지만, 엑셀같은 프로그램에는 상관 계수를 쉽게 산출할 수 있는 기능이 내장되어 있다.

그림에 나타난 예는 청소년기 쌍둥이의 IQ를 조사한 우리의 연구 결과로, 일란성 쌍둥이의 상관 계수는 0.77, 이란성 쌍둥이의 상관 계수는 0.41이다. 일란성 쌍둥이와 이란성 쌍둥이의 각 쌍에 대한 상관 계수를 알면 유전율을 쉽게 구할 수 있다.

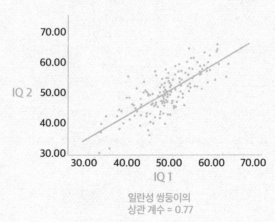

일란성 쌍둥이와 이란성 쌍둥이 IQ의 상관관계

일란성 쌍둥이의
상관 계수 = 0.77

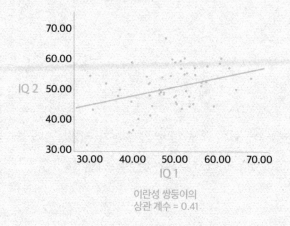

이란성 쌍둥이의
상관 계수 = 0.41

　가장 먼저 구해야 하는 것은 비공유 환경의 영향률이다. IQ를
온전히 유전만으로 설명할 수 있다면 유전자 서열이 같은 일란
성 쌍둥이의 상관 계수는 1이어야 한다. 그렇지 않다는 것은, 닮
지 않게 하는 요인인 '비공유 환경'이 작용하고 있다는 뜻이다.
비공유 환경의 영향률은 완전한 일치를 나타내는 1에서 일란성
쌍둥이의 상관 계수 0.77을 빼면 된다.

$$1-0.77=0.23$$

　그러면 23퍼센트가 나온다. 그리고 닮게 하는 요인은 유전과
공유 환경을 모두 꼽을 수 있으므로 각각의 기여율을 x, y로 설
정한다.
　일란성 쌍둥이의 상관 계수는 0.77이므로 다음과 같이 식을

세울 수 있다.

$$x+y=0.77$$

또, 이란성 쌍둥이의 경우 각 쌍의 유전자 서열 유사도는 약 50퍼센트라고 했다. 따라서 다음과 같이 나타낼 수 있다.

$$0.5x+y=0.41$$

이 연립 방정식을 풀면,

$$x=0.72, y=0.05$$

즉, 청소년기 개인 IQ의 차이는 유전이 72퍼센트, 공유 환경이 5퍼센트, 비공유 환경이 23퍼센트로 설명할 수 있다.

또한, 통계학적으로 더 적절한 추정을 위해 우리는 구조 방정식 모델(SEM, structural equation modeling)이라는 기법을 이용했다. 31쪽의 표는 다양한 심리, 행동, 형질에 대한 쌍둥이의 상관 계수와 구조 방정식 모델 등으로 추정한 유전적, 공유 환경적, 비공유 환경적 비율을 보여 준다.

공유 환경과 비공유 환경

환경에는 가족 구성원을 닮게 만드는 공유 환경과 다르게 만드는 비공유 환경 두 가지가 있다고 했다. 그렇다면 공유 환경과 비공유 환경이란 무엇일까? 가족 구성원을 닮게 만드는 것이니 공유 환경은 가정의 습관이나 육아 방식 등이고, 비공유 환경은 가정 밖의 요소라고 생각할 수도 있겠다. 그렇지만 반드시 그런 것은 아니다.

앞에서는 유전, 공유 환경, 비공유 환경의 영향률을 구했는데, 공유 환경과 비공유 환경은 어디까지나 통계적 처리로 산출되는 추상적, 개념적 값이라는 점에 유의하자. 이 계산만으로는 구체적으로 어떤 요인이 공유 환경이고 비공유 환경인지 명확히 알 수 없다. 환경의 무엇이 공유 환경 또는 비공유 환경으로 작용하는지는 설문 항목을 제공하여 개별적으로 살펴봐야 한다.

다양한 형질의 쌍둥이의 상관관계와 유전 및 환경의 비율

		일란성	이란성	유전	공유 환경	비공유 환경
신체	지문 패턴	0.89	0.48	0.91	-	0.09
	체중(15세)	0.90	0.46	0.92	-	0.08
	키(15세)	0.97	0.40	0.95	-	0.05
지능	IQ(전체)	0.86	0.60	0.51	0.34	0.15
	IQ(아동기)	0.74	0.53	0.41	0.33	0.26
	IQ(청년기)	0.73	0.46	0.55	0.18	0.27
	IQ(성인기초기)	0.82	0.48	0.66	0.16	0.19

학업 성적	국어(영어) 9세		0.78	0.46	0.67	0.11	0.21
	수학 9세		0.76	0.41	0.72	0.04	0.23
	과학 9세		0.76	0.44	0.63	0.12	0.24
성격	신경질		0.46	0.18	0.46	–	0.54
	외향성		0.49	0.12	0.46	–	0.54
	개척성		0.52	0.25	0.52	–	0.48
	동조성		0.38	0.13	0.36	–	0.64
	근면성		0.51	0.10	0.52	–	0.48
정신·발달장애	조현병		0.48	0.17	0.81	0.11	0.08
	자폐증(남아·친평정)		0.80	0.51	0.82	–	0.18
	ADHD		0.80	0.38	0.80	–	0.20
	우울증		0.36	0.27	0.40	–	0.59
물질 의존	알코올 중독		0.48	0.33	0.54	0.14	0.33
	흡연(남성)		0.83	0.58	0.58	0.24	0.18
	흡연(여성)		0.79	0.53	0.54	0.25	0.21
	마리화나		0.87	0.66	0.61	0.27	0.12
문제 행동	반사회성(남성)		0.80	0.52	0.63	0.17	0.21
	반사회성(여성)		0.80	0.42	0.61	0.22	0.17
	도박		0.49	0.25	0.49	–	0.51
경제	저축률		0.33	0.16	0.33	–	0.67
	기부액		0.32	0.10	0.31	–	0.69
	1000엔을 잃거나 1500엔을 벌 확률이 5대 5인 내기를 할 것인가 말 것인가		0.25	0.16	0.18	0.07	0.75
	돈 내는 것을 뒤로 미루는가		0.43	0.17	0.18	–	0.82
성 경험	24세 때 성 경험	남성	0.91	0.56	0.67	0.23	0.10
		여성	0.86	0.61	0.49	0.36	0.15
	24세 때 성관계 상대의 수	남성	0.55	0.25	0.55	0.01	0.43
		여성	0.48	0.28	0.42	0.06	0.43

	첫 경험 연령	남성	0.63	0.25	0.61	-	0.39
		여성	0.67	0.39	0.54	0.14	0.31
성 역할	남성성	남성	0.42	0.09	0.40	-	0.60
		여성	0.47	0.26	0.47	-	0.53
	여성성	남성	0.24	0.24	0.37	-	0.63
		여성	0.49	0.20	0.44	-	0.56
정치 사상	불평등을 허용하는가 (우파인가 좌파인가)		0.28	0.23	0.20	0.09	0.71
	변혁을 거부하는가 (보수인가 진보인가)		0.53	0.36	0.47	0.08	0.45
애착	어머니에 대한 애착 (10~12개월)		0.69	0.66	0.00	0.66	0.34
	친한 사람에 대한 애착·불안 경향(24세)		0.45	0.22	0.45	-	0.55
	친한 사람에 대한 애착·회피 경향(24세)		0.36	0.18	0.36	-	0.64
훈육·환경 (중학생)	어릴 때 부모가 글자를 가르쳤다(부모 응답)		0.93	0.89	0.08	0.85	0.07
	어릴 때 놀이나, 운동, 음악을 부모와 함께했다 (부모 응답)		0.94	0.89	0.10	0.84	0.06
	내 몸(머리·손·엉덩이 등)을 때리거나 꼬집거나 걷어찬 적이 있다		0.66	0.33	0.65	0.00	0.34
	초등학생 때 내 몸(머리, 손, 엉덩이 등)을 때리거나 꼬집거나 걷어찬 적이 있다		0.51	0.42	0.19	0.32	0.49
	어른과 함께 TV를 시청한다		0.93	0.78	0.30	0.63	0.07
	괴롭힘을 당했다		0.46	0.17	0.46	-	0.54
	아침을 먹는 횟수		0.56	0.37	0.36	0.19	0.44
	아침 식사로 밥을 먹는 횟수		0.74	0.66	0.17	0.57	0.26
	채소를 얼마나 먹는가		0.50	0.15	0.50	0.00	0.50

예를 들어 아이에 대한 훈육이라는 항목을 보자. 가정 내 훈육은 공유 환경으로 작용하는 경우가 훨씬 많지만, 일란성 쌍둥이와 이란성 쌍둥이 사이에는 여전히 차이가 있다. '아침을 제대로 먹는가'라는 질문에도 일란성 쌍둥이가 더 비슷한 답을 한다. 부모는 자녀를 똑같이 대하려고 노력하지만, 자녀 자신의 개인차에 따라 훈육의 효과는 달라진다.

가정 내 습관이나 훈육뿐만 아니라 지역 사회와 학교 등 가족 간에 공유되는 다른 요소들도 공유 환경으로 작용할 수 있다. 공유 환경의 중요한 점은 그것이 유전적 소인과 상관없이 모든 사람에게 똑같이 효과를 발휘하는 환경을 제시한다는 것이다. 그런 환경 조건을 명확히 발견한다면 그것을 의도적으로 변경함으로써 역량을 키울 수도 있을 것이다.

반면 비공유 환경은 단순히 가족이 공유하지 않거나 가족을 닮지 않게 하는 환경만을 가리키는 것이 아니다. '그 사람에게 있어서의, 그때의, 그곳에서만의, 지금 하는 그 일에 관한 환경', 바꾸어 말하면 '지금·여기·이것'이다. 그리고 그 본질은 '운'이다. 대부분 우연히 접하게 되고, 예측할 수 없는 환경으로 인해 주어지는 것이다. 이것은 본인의 의지나 부모의 의지로 선택할 수 없다. 인간은 유전 법칙에도 본인의 의지에 의한 통제에도 지배당하지 않는 '운', '우연', '뽑기'라는 요인에 영향을 꽤 크게 받는다는 것을 쌍둥이 연구로 알 수 있다.

비공유 환경이라고 해서 반드시 집 밖에서 발생하는 것은 아니다. 반대로 집 밖에서 발생하더라도 유전의 영향이 강하게 나타나는 행동들이 있다. 대표적인 예가 교우 관계다. 친구를 사귈 때 외부의 강요를 받아서 누가 친구가 될지 완전히 무작위로 결정된다면 교우 관계는 비공유 환경에 속한다. 하지만 실제로 그런 상황은 거의 일어나지 않는다. 학교의 반 배정은 본인의 의지가 아니겠지만 같은 반에서 누구와 어울릴지는 어느 정도 능동적으로 선택할 수 있기 때문이다.

실제로 쌍둥이의 교우 관계를 살펴보면 일란성 쌍둥이가 이란성 쌍둥이보다 비슷한 성향의 아이를 친구로 선택하는 경향이 있다. 따라서 일란성 쌍둥이가 이란성 쌍둥이보다 유사성이 높은 행동에 관해서는 유전율로 산출된다. 교우 관계 또한 유전의 영향을 받는다는 말이다.

유전에 대해
제대로
알자

유전은 닮았다는
뜻이 아니다

보통 유전이라고 하면 부모와 자식이 닮거나 같다는 뜻으로 사용한다. 그러나 유전이 반드시 그렇지만은 않다. "부모 자식은 얼굴 생김새가 닮은 경우가 많잖아요. 그게 유전이 아닌가요?" 이렇게 생각하는 사람도 있을 것이다. 부모로부터 자식에게 유전자 서열이 '전달'되므로 결과적으로 보면 부모와 자식 간의 얼굴 생김새가 비슷하기는 하다. 여기서 핵심은 '닮았다' 혹은 '닮지 않았다'가 유전의 본질이 아니라는 것이다.

형질은 어떻게 부모에서 자식으로 '전달'될까? 생김새를 예로 들어 살펴보자. 사람의 얼굴은 여러 부분으로 이루어져 있다. 보통은 "얘는 눈매는 아빠를 닮았지만 코는 엄마를 닮았어" 같은 식으로 말한다. 눈매, 코의 모양, 입술 모양, 눈썹과 속눈썹이 자라는 방법, 볼과 턱 모양 등 많은 부분이 아빠와 엄마에게서 아이에게 전달된다(실제로는 더 복잡한 구조이지만 여기서는 일단 단순하게 생각하자).

개별적인 부분은 확실히 아버지와 어머니를 닮았지만 완성된 아이의 얼굴은 아버지와도, 어머니와도 다르다. 아버지와 어머니로부터 몇 가지 특징이 전달되었음에도 완전히 다른 생김새가 만들어진다. 어떤 요소가 전달되어 어떤 생김새가 되는지는 아버지와 어머니 각각의 생식 세포에서 감수 분열이 일어난 후 수정란이 되었을 때 결정된다.

덧붙여서 생김새 자체는 유전이지만 그것만으로 사람의 얼굴이 결정되는 것은 아니다. 어떤 표정을 짓느냐에 따라서도 얼굴의 인상이 완전히 달라진다. 예를 들어, 배우들은 삶에서 다양한 역할을 연기한다. 그런데 주로 부드러운 역할을 연기하는 사람과 주로 강한 역할을 연기하는 사람의 얼굴에서 받는 인상은 매우 다르다. 어떠한 역할을 연기하라고 무대와 각본이 제공되는 것이 바로 환경이다. 그런 의미에서 사람의 얼굴은 부모로부터 전해진 요소로 구성된 생김새에 더해 어떤 표정을 짓게 만드는

가 하는 환경에 의해 형성된다고 할 수 있다.

유전의 이런 특성은 다른 다양한 형질(개체에 나타나는 형태와 기능적 특징)에도 해당된다. 부모로부터 자식에게 요소가 전달되지만 그 부품이 조합되어 생기는 형질은 부모와 같지 않으며 환경의 영향도 받는다. 이제까지의 설명으로 어느 정도 '전달'에 대한 이미지가 잡혔을까?

같은 부모라도
자식이 모두 다른 이유

여기까지는 얼굴을 만드는 요소가 부모에게서 자녀에게 전달된다는 상당히 대략적인 이미지를 이야기했다. 이번에는 전달 방식을 좀 더 자세히 알아보자.

어떤 형질과 관련된 유전자는 두 가닥이 한 쌍인 염색체에 있다. 정자와 난자가 만들어질 때 염색체 중 하나가 무작위로 선택되는데, 이것이 감수 분열이다. 아버지의 정자와 어머니의 난자가 수정되면 한쪽에만 있던 염색체가 다른 쪽 염색체와 짝을 이루어 수정란이 된다. 그렇다면 이 과정에서 부모의 형질은 어떻게 전달될까?

여기 5쌍의 염색체 각각 1쌍에 2개, 총 5쌍에 10개인 대립 유전자가 있고, 그 유전자들의 조합으로 결정되는 형질이 있다고 가정해 보자. 또한, 1~5의 염색체는 '-1' '0' '1' 중 하나의 유전자를 가졌다고 하자. 유전자 '-1'은 형질을 평균보다 낮추는 효과가 있고, '0'은 평균 수준으로 유지하는 효과가 있으며 '1'은 평균보다 높이는 효과가 있다. 염색체상에 어떤 종류의 유전자가 올라가 있는지 나타낸 것이 유전자형이다.

아버지의 유전자형이 다음과 같다고 하자.

- 염색체 1 : 0, 1
- 염색체 2 : 1, 0
- 염색체 3 : 0, -1
- 염색체 4 : 0, -1
- 염색체 5 : -1, 1

한편, 어머니의 유전자형은 다음과 같다.

- 염색체 1 : 1, 0
- 염색체 2 : 1, 1
- 염색체 3 : 1, 0
- 염색체 4 : 1, 0
- 염색체 5 : 1, 1

유전자형의 합계는 각 염색체에 있는 유전자형의 효과를 더하여 아버지가 0, 어머니가 7이 된다. 그렇다면 유전자형값(genotypic value)이 0인 아버지와 7인 어머니 사이에서는 어떤 아이가 태어날까? 0+7=7의 절반인 3.5일까?

아니다. 유전은 이런 방식으로 이루어지지 않는다. 감수 분열이 일어날 때 각 염색체 쌍 중 하나가 무작위로 선택되므로 가장 효과적이지 않은 경우에는 다음에 따라 -1이 된다.

- 염색체 1 : 0(아버지 유래), 0(어머니 유래)
- 염색체 2 : 0(아버지 유래), 1(어머니 유래)
- 염색체 3 : -1(아버지 유래), 0(어머니 유래)
- 염색체 4 : -1(아버지 유래), 0(어머니 유래)
- 염색체 5 : -1(아버지 유래), 1(어머니 유래)

반대로 가장 효과성이 높은 경우는 다음에 따라 8이 된다.

- 염색체 1 : 1(아버지 유래), 1(어머니 유래)
- 염색체 2 : 1(아버지 유래), 1(어머니 유래)
- 염색체 3 : 0(아버지 유래), 1(어머니 유래)
- 염색체 4 : 0(아버지 유래), 1(어머니 유래)
- 염색체 5 : 1(아버지 유래), 1(어머니 유래)

즉, 유전자형 값이 0, 7인 부모에게서는 유전자형값이 -1부터 8까지인 자녀가 태어날 가능성이 있다. 자녀의 유전자형값이 부모의 중간 정도가 될 가능성이 큰 것은 사실이지만, 그 변형 폭이 상당히 크다는 것을 알 수 있다.

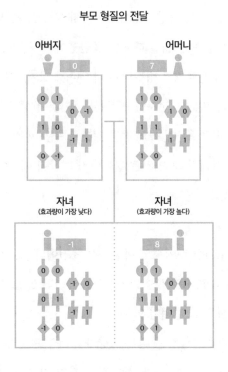

부모 형질의 전달

이렇게 효과량의 덧셈으로 유전적 소질이 결정되는 유형의 유전을 '상가적 유전'이라고 한다. 반대로 단순한 덧셈으로 판단할 수 없는 유전을 '비상가적 유전'이라고 한다. 대표적인 비상가적 유전이 중·고등학교 생물 시간에 배우는 '멘델의 법칙'이다. 완두콩 에는 매끈하고 둥근 타입과 주름진 타입이 있는데, 이것들을 수분하면 종자는 어떻게 되는가 하는 유명한 실험에서 도출된 법칙이다.

씨앗의 형태와 관련된 유전자에는 A(둥근 타입)와 a(주름진 타입) 두 가지가 있으며, 유전자형이 AA일 때에는 표현형이 A, aa일 때에는 표현형이 a, Aa일 때에는 표현형이 A가 된다. 유전자형 Aa일 때는 유전자 A의 형질밖에 나타나지 않기 때문에 A를 우성유전자, a를 열성유전자라고 부른다. 이것이 상가적 유전이라면 매끈한 콩과 주름진 콩의 중간 정도로 주름이 적은 종자가 생겨야 한다. 하지만 그런 일은 일어나지 않았기 때문에 비상가적 유전이라고 해석한다.

인간의 ABO식 혈액형도 비상가적 유전이다. 유전자형이 AA 또는 AO면 A형, BB 또는 BO면 B형, OO면 O형, AB면 AB형이 된다는 것은 잘 알려져 있다.

인간의 다양한 형질은 대부분 상가적 유전으로 설명할 수 있다. 지능과 학업 능력 등도 상가적 유전의 경향이 강한 형질이다. 그러나 성격, 정신 질환, 뇌파에 관해서는 비상가적 유전도 볼 수 있다.

부모가 똑똑하면
자식도 똑똑하다고?

지능과 학업 능력은 상가적 유전의 경향이 강하다고 했다. 그렇다면 자식은 부모의 이러한 형질을 얼마나 많이 닮을까? 앞서 상가적 유전을 설명할 때 나왔듯이, 같은 부모에게서도 표현형이 다른 아이가 태어나는 것은 확실하다. 다만 상가적 유전의 경우 자녀의 표현형은 부모의 형질 중간 정도가 될 확률이 가장 높다. 또한 '평균으로의 회귀'라는 통계적 현상도 자녀의 표현형에 영향을 미친다.

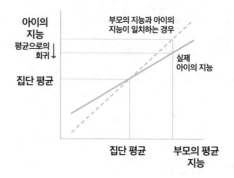

부모의 평균 지능과 아이의 지능

예를 들어 부모의 지능이 둘 다 평균보다 훨씬 높다면 자녀의 평균 지능은 부모의 중간보다 집단의 전체 평균에 더 가까울 확률이 높다. 부모의 지능이 둘 다 평균보다 훨씬 낮아도 아이의 지능은 부모의 중간보다 집단 전체의 평균에 가까워진다(매 세대 아이들의 지능이 평균으로 회귀하면 머지않아 모든 아이가 평균치로 수렴하리라 생각할 수도 있겠지만 실제로는 그렇지 않다. 확실히 지능이 높은 부모라면 아이의 지능이 평균치보다 작아질 확률이 높다. 하지만 그보다는 낮은 확률이어도 부모의 평균치와 같거나 그보다 높은 아이도 태어나기 때문에 전체적으로 보면 이전 세대와 같아진다).

간단히 말해서, 엄청나게 뛰어난 부모에게서 태어난 아이들은 부모만큼 성과가 좋지 않을(그래도 평균보다 잘될) 가능성이 크다. 뛰어난 부모일수록 '왜 우리 애는 잘 못하지?'라고 고민할 확률이 높다는 말이다. 정상급 선수의 자녀가 부모만큼 성적이 좋지 않은 경우도 많은데 이 또한 평균 회귀로 설명할 수 있다. 물론 반대도 있다. 엄청나게 공부를 못하던 부모(!) 밑에서는 그보다 잘하는 아이가 태어날 확률이 높다.

형제라도 타인만큼 다른 부분이 있다

"○○는 아빠를 닮아서 공부도 잘하고 운동도 잘하는데 너는, 음……."

'나는 부모님 중 누구와도 닮지 않았다', '형제들과 능력이 전혀 다르다', '동생만 예뻐하시고 나는 찬밥이었다', '공부를 잘하는 형과 비교당해서 어린 시절이 힘들었다'. 이런 기억을 가진 사람이 꽤 있을 것이다. 그런데 부모와 자녀, 혹은 형제자매가 닮지 않은 것은 전혀 드물거나 특이한 일이 아니다.

앞에서 부모로부터 자녀에게 유전자가 전달되는 구조를 설명했다. 불과 5쌍의 유전자만 관련된 형질인데도 아이의 표현형 변형의 폭이 매우 넓어졌다. 한 가정에서도 표현형 변형 폭은 매우 넓기 때문에 부모의 표현형에서 자녀의 표현형을 정확하게 예측할 수는 없다. 그래도 여전히 "가족이니까 아이는 부모를 닮는 거 아닌가요?"라고 묻고 싶을 것이다.

이에 관해서는 이론적으로 '그 정도는 아니다'라고 말할 수 있다. 예를 들어 키의 유전율은 80퍼센트, 그 집단의 편차를 나타내는 표준 편차는 7이고 유전에 의한 편차는 6.26이다. 여기서 부모로부터 절반씩 유전자를 물려받은 아이의 키가 유전적으로 어느 정도 차이가 나느냐 하면 5.42다. 거의 비슷하다는 말이다. 즉, 같은 부모에게서 태어난 아이들도 피가 섞이지 않은 타인과 거의 같은 정도로 변형의 폭이 넓다는 말이다.

앞서 언급한 바와 같이 상가적 유전 양식을 따르는 형질에서는 자녀의 형질이 대략 부모의 중간 정도 점수에서 평균에 근접

할(평균으로의 회귀) 가능성이 크다. 그래도 표현형의 변형은 일반 집단과 크게 다르지 않다. 결론적으로 어떤 아이가 태어날지는 거의 예측할 수 없다고 해도 과언이 아니다.

예전처럼 형제가 많았다면 이 말을 감각적으로 이해할 수 있었을 것이다. 많게는 열 명일만큼 아이를 낳았던 옛날에는 그 아이들을 키우면서 자연스럽게 공부, 운동 능력, 성격 등이 모두 제각각임을 깨달았을 것이다. 하지만 출산율이 감소한 한국과 일본은 이제 대부분 자녀가 한두 명에 불과하다.

모든 자원을 집중시키는 만큼 자식의 능력이 신경 쓰이기 마련이다. 아이 자신도 비교할 만한 대상이 별로 없기 때문에 똑똑하고 공부 잘하는 형제 한 명과 자신의 능력을 비교하며 의기소침해지기도 한다.

유전적 소인이라는 관점에서 보면 형제자매도 타인과 다름없다. 어떤 형질을 타인과 비교하며 일희일비해 봐야 아무 의미가 없다는 말이다.

형제와 비교하는 것도 마찬가지다. 형제가 어떤 형질에 대해 자신보다 뛰어나다고 해서, 그 사람과 '피로 이어진' 자신이 같은 자질이 있다거나 열심히 노력하면 잘될 것이라고 보장할 수는 없다. 그렇다고 비관적일 필요도 없다. 좋아하는 것이나 특기가 형제자매와는 다를 뿐이다.

무언가 '하고 싶다'면
그게 바로 재능이다

부모 둘 다 전혀 음악에 감각이 없고 관심도 없지만 '피아노 연주자들이 멋있어서'라는 이유로 아이에게 피아노를 가르치는 가정을 상상해 보자. 만약 아이가 피아노를 치며 조금이라도 즐거움을 느낀다면 계속 가르치는 데 의미가 있을 것이다.

무언가 스스로 하고 싶어 하는 것은 이미 뚜렷한 재능의 발로라고 보아야 하기 때문이다. 전문 피아니스트가 되지 못하더라도 피아노 치기를 즐기고 피아노 음악의 세계를 접한다는 것은 참으로 멋진 일이다.

반면 아이가 피아노를 별로 좋아하지 않는데 단지 부모의 허영심 때문에 억지로 피아노를 가르치고 있다면 어떻게 해야 할까? 부모와 자녀 모두에게 좋을 것이 없으니 얼른 그만두고 다른 것에 투자해야 한다.

부모가 모두 음악에 대단히 재능이 있다면 아이도 음악에 재능이 있을 확률이 꽤 높지만, 부모와 달리 아이가 음악에 전혀 관심이 없을 가능성도 없지 않다. 만약 후자라면 소질이 없다는 의미로 보고, 아이가 더 자연스럽게 관심을 보이는 다른 분야에 시간과 돈, 마음을 쏟는 것이 낫다.

무언가에 소질이 엿보이는데 관심이 전혀 없는 듯한 아이들도 있다. 가장 있을 법한 이유는 소질과 상관없이 부모에 대한 반발심으로 일부러 관심을 두지 않으려 애쓰는 경우다. 그렇다면 때를 기다리자. 정말 재능이 있다면 언젠가는 꼭 관심을 보일 테니까 말이다.

피아노 치기는 싫어하지만 음악은 좋아한다면 음악에 관련한 다른 재능이 있을지도 모른다. 그럴 때는 '좋아한다'고 느끼는 장르든 악기든 좀 더 깊이 파고들어 보자. 재능을 깊이 파고드는 방법은 4장에서 좀 더 자세히 살펴보겠다.

한계선을
알아야
넘을 수 있다

'순수한 환경'은
존재하지 않는다

인간이 지닌 다양한 형질, 지능이나 운동 같은 능력에서부터 성격, 정신 질환에 이르기까지 유전은 우리에게 매우 큰 영향을 미친다. 어떤 형질은 유전율이 매우 높을 가능성도 있다. 다른 형질들도 대부분 40~60퍼센트 정도는 유전적 영향을 갖고 있다. 그러므로 유전과 환경의 영향은 기본 값을 반반으로 생각해야 한다.

이렇게 말하면 그런 말을 누가 못하느냐고 생각하는 사람도 있을 것이다. 그 사람다움에 유전과 환경 모두가 관련되어 있다는 것은 쌍둥이법 운운하지 않아도 다 알고 있다고 말이다. 바로 그것이 함정이다. 유전과 환경에 대해 고민할 때 사람은 대개 '유전과 환경 중 어느 한쪽'에서만 원인을 찾고, 그것만 생각한다. 유전과 환경 양쪽을 계속 생각하는 사람은 내 경험상 매우 드물었다.

예를 들어 '환경이 주는 영향이 절반이라는 말은 환경을 확 바꾸면 능력을 향상시킬 수 있다는 뜻이 아닐까?'라고 생각한다. 이때 여러분은 이미 환경만 생각하는 것이다. 그런데 환경이 주는 영향도 유전에 달려 있다. 애초에 환경이란 무엇일까?

집에서 아이가 얼마나 많은 책이나 악기를 손에 잡을 수 있는지, 부모가 아이와 대화하며 책을 읽어 주는지, 아이가 짜증 낼 때 얼마나 적절하게 대응하는지 등은 아이의 성장에 영향을 미치는 환경 요인으로 잘 알려져 있다. 이것들은 정말 '환경'이다. 그런데 쌍둥이 또는 입양된 형제자매(피가 연결되지 않은 형제와 피가 연결된 형제의 유사성을 비교하기 때문에 쌍둥이 연구와 비슷하다)에 의한 연구에 따르면, 이런 환경의 개인차에도 무려 유전율이 40퍼센트에 이른다고 한다. 즉, 유전적으로 책 읽는 것을 좋아하는 아이에게는 부모가 책을 더 많이 읽어 주게 되고, 유전적으로 말귀를 잘 알아듣는 아이에게는 부모가 무조건 꾸짖지 않고 아이의 말에 더 귀를 기울이게 된다는 이야기다.

누군가 스스로 만들어 내는 환경, 자연스럽게 끌어들이는 환경에는 그 사람의 유전적 소인이 많든 적든 반영되기 때문에 환경을 온전한 환경이라고 할 수 없다. 이것이 행동유전학에서 환경에 관해 내리는 일반적인 결론이다.

그렇다면 사람의 어떤 형질을 바꿀 수 있는 순수한 환경은 없을까? 만약 있다면 어떤 것일까? 먼저 '그 사람다움'에 영향을 주는 것은 유전, 공유 환경, 비공유 환경이라고 설명했다. 더불어 공유 환경과 비공유 환경은 통계적 개념이지 구체적인 요인을 가리키는 것은 아니라고도 했다. 하지만 각 연구 항목을 더 깊이 파고들어 보면 어떤 요인이 공유 환경으로 작용하고 어떤 요인이 비공유 환경으로 작용하는지 측정할 수는 있다.

예를 들어 쌍둥이법에서 유전적 요인의 영향을 고려한 상태를 보자. 순수하게 공유 환경으로서 학업 성적에 악영향을 주는 척도로는 '카오스(CHAOS, confusion, hubbub, and order scale, 혼란·번잡·질서 척도)'가 있다. 이것은 집안이 얼마나 조용하고 차분한 분위기가 아닌지, 규율 있는 생활이 안 되는지 측정하는 척도다. '우리 집은 마치 동물원 같다', '집에서는 생각을 할 수 없다', '우리 집 분위기는 차분하다(역전 항목)', '하루의 시작은 항상 정해진 일을 한다(역전 항목)' 같은 항목으로 이루어져 있다. 이 카오스 점수는 학업 성적에 5~7퍼센트 정도 영향을 미친다. 겨우 5~7퍼센트라고? 그렇지 않다. 이 수치는 순수한 공유 환경의 효과로는 영향이 매우 큰 수치다.

공유 환경이든 비공유 환경이든 환경은 무수히 많은 환경 요인으로 구성되며, 다소나마 효과성을 측정할 수 있는 요인은 극히 일부에 지나지 않는다. 특히 비공유 환경은 말 그대로 개인마다 다르고 같은 사람이라도 때와 장소에 따라 다른 우연이나 운의 산물이므로 과학적으로 파악하기 어렵다. 그것이 환경 요인의 가장 큰 특징이다.

맹자의 어머니가
세 번 이사하긴 했지만

물리적으로 동일해 보이는 환경을 조성해도, 그 환경이 모두에게 똑같이 작용한다고는 할 수 없다. 오히려 동일하게 작용하지 않는다고 생각하는 편이 좋다. 같은 시점에 같은 풍경과 사건을 접하더라도 그 뒤 각기 다른 풍경과 사건을 접한다면, 그것은 각자에게 다른 경험으로 존재한다. 환경의 우연과 유전의 필연이 상호 작용하면서 우리는 연쇄적으로 여러 경험을 하게 된다. 그중 어떤 것은 잘라 내고 어떤 것은 지식으로써 남겨 둔다.

맹모삼천지교(孟母三遷之敎)라는 말이 있다. 맹자가 어릴 때 묘지 가까이 살았더니 장사 지내는 사람 흉내를 내었다. 그래서 시장 근처로 이사를 갔더니 이번에는 물건 파는 사람 흉내를 냈다고 한다. 그리하여 다시 글방이 있는 곳으로 이사 가 공부시켰다는 일화를 가리키는 말이다. 즉, 어머니가 아들을 잘 가르치기 위하여 세 번이나 이사하였음을 이르는 말이다.

사는 곳이나 다니는 학교를 의도적으로 바꾸는 것은 분명 '그 사람다움'에 영향을 주지만, 어떻게 영향을 줄지는 타고난 유전적 소인이 반영된다. 예를 들어, 맹자가 아닌 다른 사람이었어도 세 번 이사한 것으로 맹자 같은 사람이 될 수 있었을까? 따라서 행동유전학의 관점에서 보면 순수한 환경은 이 세상에 존재하지 않는다고 봐도 무방하다.

인간에게 환경이란 감각기관을 통해 뇌를 비롯한 신경계가 인식하는 이른바 '환상'이다. 그리고 신경계 네트워크는 상당 부분 유전에 의해 형성되며, 환경 자극 패턴을 예측하는 내부 모델을 만든다.

외부 자극이 그 사람의 인식과 감정, 동기와 인지, 행동에 어떤 식으로 영향을 미치는지는 전적으로 개인의 유전적 조건에 달려 있다. 인간은 유전적 소인이라는 프리즘을 통해서만 환경과 연관될 수 있다. 어떤 환경이든 거기에는 항상 유전과 환경이 상호 작용을 한다.

나는 자란 환경에
얼마나 영향을 받을까?

육아도 마찬가지다. 세상에는 다양한 육아 방법이 있다. 다들 '이렇게 키우면 똑똑한 아이로 자란다'라고 강조한다. 애정이 많고 교육적인 부모일수록 자녀에게 도움이 되고 싶다는 마음에서 이런 육아서를 열심히 찾아 읽을 것이다. 어쩌면 이 책 역시 그런 목적으로 읽기 시작한 사람이 있을지도 모른다. 그런데 육아서를 그대로 따라 해도 그 효과는 아이마다 다르다.

같은 과자를 받더라도 형제마다 반응은 제각각이다. 어떤 아이는 너무 먹어서 배탈이 날 정도로 그 과자를 먹지만, 어떤 아이는 딱 한 입 먹고 치워 버린다. 또, 부모가 모든 자녀를 똑같이 칭찬하거나 꾸짖어도 아이마다 다르게 받아들인다. 혼나는 것을 극도로 두려워하는 아이도 있고, 아무리 혼내도 아랑곳하지 않는 아이도 있다. 어떤 식으로 영향을 받느냐는 아이의 유전적 소인에 따라 달라진다. 심지어 유전적 소인이 같은 일란성 쌍둥이의 반응이 다르기도 하다.

아동기의 지능과 학업 능력은 공유 환경으로 작용하는 육아에 어느 정도 영향을 받지만, 이것도 크게 어림잡아 10~30퍼센트 정도에 불과하다. '아이에게 ××를 해 주었다' 'OO를 해 주었다' 같은 개별 요인은 효과를 측정하기가 거의 불가능하다.

오해하지 않기를 바라는 마음으로 덧붙이자면, 나는 육아가 무의미하다고 말하는 것이 아니다. 0.1퍼센트의 효과에 불과한 요인도 100개를 실천해서 아이의 성적에 10퍼센트의 영향을 줄 수 있다면 긍정적으로 생각할 수 있다. '우연찮게 도서관에서 이 책을 빌려왔더니 아이가 푹 빠져서 읽었다' 또는 '얼마 전에 이런 좋은 이야기를 들어서 아이한테 들려줬다' 혹은 '적절한 타이밍에 아이한테 공부하라고 말했더니 웬일로 순순히 말을 들었다'거나 '아이에게 부모도 부모 나름대로 노력해서 배우는 모습을 보여 줬다'와 같은 일상적인 일들 말이다. 이런 작은 요인이 100개 정도 차곡차곡 쌓여서 그것과 역효과를 갖는 연관성을 넘어선다면 나름대로 유의미하게 아이의 유전적 소인에 플러스알파를 더해 줄 수 있다는 뜻이다.

자녀 양육에 영향을 적게 미친다는 말뜻은 부모가 아이를 돌볼 필요가 없다거나 자녀에게 관여하지 않아도 된다는 뜻이 절대 아니다. 육아(공유 환경)가 별 영향을 미치지 않는다는 말은 '이렇게 키우면 이렇게 자란다'는 공식은 없다는 의미다.

많은 가정에서 부모는 아기의 기저귀를 갈아 주고, 식사를 만들어 주고, 아이를 칭찬하거나 야단친다. 학대나 극단적인 응석받이가 되지 않는 범위에서, 또 그 사회의 일반적인 방식으로 아이를 키운다는 전제 아래에서 말이다.

각 가정의 육아 방식은 아이의 발달에 얼마나 큰 차이를 만들까? 그 차이는 절대 크지 않다. 오히려 가정 자체의 차이가 더 클 것이다. 다만 일반적인 보살핌을 받지 못하거나 학대당하는 상황은 당연히 아이에게 부정적인 영향을 미친다. 친자식을 죽게 만드는 환경은 말할 것도 없다.

스스로 컨트롤할 수 없는 환경에 휘둘리지 마라

비공유 환경은 어떨까? 가족 구성원을 서로 다르게 하는 방향으로 작용하는 환경을 비공유 환경이라고 했는데, 정확하게 그건 어떤 환경일까? 공유 환경과 마찬가지로 비공유 환경도 통계적 개념일 뿐 구체적인 내용은 알 수 없다. 하지만 본인의 의지와는 무관하게 발생하고, 그 결과 가족 구성원을 다르게 만드는 방향으로 작용했다면 비공유 환경이라고 할 수 있다.

예를 들어 도쿄에서 태어난 일란성 쌍둥이 중 한 명이 순전히 우연으로 아프리카 오지에서 살게 되었다고 가정해 보자. 이 정도로 극단적으로 사는 환경이 달라도 쌍둥이는 둘 다 똑같이 그림에 관한 재능을 꽃피울 가능성이 높다. 이런 경우 그림에 대한 재능에는 유전의 영향이 강하게 나타난다고 생각할 수 있다.

아프리카에 간 사람은 느긋하고 자유롭게 땅에 그림을 그릴 수 있는 환경에 기회까지 더해져 창의성을 뿜낼 수 있었던 반면, 아스팔트 투성이 도시에 남은 사람은 실력 없는 미술 학원 강사에게 틀에 박힌 그림을 강요당해서 의욕을 잃고 그림 그리기를 포기했다면 사는 곳의 차이가 운으로 작용했으므로 비공유 환경이라고 볼 수 있다.

비공유 환경은 이해하기 매우 어려운 개념이므로 이 글을 읽고 유전과 환경이 어떤 식으로 관계하는지 더 혼란스러워졌을지도 모른다. 유전과 환경과의 관계를 좀 더 알기 쉽게 설명하기 위해 설정 값(set point)이라는 개념을 가정해 보겠다.

환경은 인간의 유전적 소인에 따라 꺼졌다, 켜졌다 하는 전기 스위치처럼 작동하지 않는다. 그림에 재능이 있는 사람이 있다고 가정해 보자. 그림에 대한 재능이 특정 환경에서 확실하게 발현된다고 해서, 다른 환경에서 전혀 발현되지 않는 것은 아니다. 재능의 발현은 확률적으로 일어나는 것이다.

인간이 지닌 형질은 유전적인 영향을 강하게 받지만 완전히 고정된 것은 아니다. 그렇다고 완전히 자유롭다는 의미 역시 아니다. 일정 범위 내에서 확률적으로 발생할 가능성이 큰 느슨하고 안정적인 값들이 존재하는데, 설정 값은 이 느슨하고 안정적으로 고정된 값을 가리킨다.

우연은
어떻게 삶을 좌우할까?

야구 능력(야구에는 여러 능력이 필요하므로 어디까지나 단순화한 가정이다)을 1부터 5까지 5단계로 점수화할 경우, 어떤 사람의 설정 값이 3이라고 치자. 확률적으로 그 사람의 능력은 3인 경우가 많지만, 특정한 상황에서는 4에 도달해 엄청난 힘을 발휘할 수도, 어떤 상황에서는 2의 힘밖에 발휘하지 못할 수도 있다. 하지만 상황이 바뀌어도 1이나 5가 되는 경우는 거의 없다. 이것이 설정 값에 대한 이미지다. 나는 환경에도 이런 설정 값이 있다고 생각한다.

그럭저럭 괜찮은 지도자가 있는 야구부는 설정 값이 4 정도여서 부원들의 능력을 끌어낼 수 있다. 반면 지도력이 떨어지는 지도자가 있는 야구부는 설정 값이 2 정도이며 부원들의 실력이 크게 늘지 않는다. 이때 부원 개개인이 가진 유전적 소질의 설정 값과 환경의 설정 값이 결합되어 개인이 발휘할 수 있는 능력을 변화시킨다. 만약 어느 야구부에 들어갈지 완전히 추첨으로 결정된다면, 그 우연성은 비공유 환경으로 측정된다.

물론 극히 드물게 자아가 강한 괴짜 성향에 유전적 소질의 설정 값이 2인 사람이 어쩌다가 설정 값이 2인 지도자를 만났을 때 그 사람이 가진 무언가에 강하게 영감을 받아 갑자기 4의 능력을 발휘하는 일이 일어날 수도 있다. 이것을 유전과 환경의 상호 작용이라고 한다.

이런 드문 일이 생기는 메커니즘은 너무 복잡해서 밝혀낼 수가 없다. 게다가 우연하고 예측 불가능하며 무작위적인 사건이므로 행동유전학 모델에서는 비공유 환경에 편입시킨다. 그런 일이 누구에게나 일어난다는 보장이 전혀 없으며, 교육 제도 안에 계획적으로 추가하는 것도 불가능하다.

만약 그런 만남이 있다면 인생이 크게 달라질 수 있다는 점을 부인할 수는 없지만, 이것은 기본적으로 과학이 다룰 수 있는 범주 밖이다. 그러므로 우리는 그것을 '우연', '무작위', '비공유 환경'이라고 이름 지을 수밖에 없다.

비공유 환경의 영향이 종종 유전만큼 크거나 심지어 더 클 수 있다는 점을 고려하면 과학이 다룰 수 없는 이 예측 불가능한 무작위적 환경이야말로 인생에서 중요할 지점일 수 있다. 이것이 바로 '인생의 묘미'다.

설정 값 주변에는 이 같은 변동성이 떠돌고 있다. 그렇지만 우리가 인생에서 겪는 일은 대부분 유전과 환경의 각 설정 값 부근에서 일어날 확률이 크다. 때문에 일단은 그것을 제대로 인지해야 한다. 물론 과학적으로 다룰 수 있는 범위에서의 '유전과 환경의 상호 작용'도 있다는 것을 기억해 두자(120~121쪽 참조).

또 하나, 비공유 환경이 적지 않게 관련된 형질로는 '성격'이 있다. 사실 얼마나 안정적인 점수가 나오느냐는 형질에 따라 다르다. 예를 들어 지능은 그다지 상황에 좌우되지 않으며, 시간을 크게 차이를 두지 않으면 아무리 여러 번 테스트해도 대체로 비슷한 점수를 받는다(이것은 영어 토플이나 토익도 그렇다. 이 두 시험을 같은 시기에 칠 경우 환산점수는 거의 같다).

반면 성격은 상황에 따라 변동 폭이 크다. 이러한 변동성은 신경질에 관한 조사 항목에서 두드러진다. '낯선 사람 앞에서 긴장하는가'라는 질문을 받는다면 언제, 어디서 설문 조사를 하느냐에 따라 답이 달라질 것이다. 당연히 우리는 이런 조사 상황을 100퍼센트 통제할 수 없다. 어떤 환경이 선택되고 그 환경이 피험자에게 어떤 영향을 미치는가 하는 우연한 요소는 비공유 환경과 크게 관련이 있다.

위의 내용을 종합하면 환경은 방대한 수의 요인으로 구성되어 있으며, 각 요인의 효과성은 극히 미미하다. 게다가 종종 유전적 소인과 복잡한 상호 작용을 한다. 모든 사람에게 똑같이 작용하는 단순한 환경이라는 것은 존재하지 않는다. 모든 형질은 유전과 환경이 복잡하게 작용하여 형성된다.

진짜
똑똑함이란
무엇일까?

보이지 않는 능력을
측정한다는 것

"지능은 지능 검사로 측정할 수 있는 능력이다."

심리학자 에드윈 보링(Edwin Boring)은 이렇게 말했다. 이 말을 들으면 농담하나 싶을지도 모르지만, 꽤 정곡을 찌른 말이다. 보링처럼, 어떤 개념을 그것을 밝히는 구체적 방법으로 정의하는 방식을 '조작적 정의'라고 한다.

조작적 정의는 모든 능력의 정의에 사용할 수 있다. 음악 능력은 악기나 노래를 잘 연주하거나 부를 수 있는 능력이다. 야구 능력은 공을 빨리 던지거나 안타와 홈런을 많이 칠 수 있는 능력이다. 즉, 능력은 그것이 실제로 발휘된 행동에 의해 측정되는 것이다. 당연한 말 아니냐고? 그렇지 않다. 능력은 보이지 않는 내면의 것이라는 생각을 뒤엎었다는 점에서 획기적일 뿐만 아니라 그 행동을 다른 사람과 비교할 수 있도록 기준을 만들었다는 점에서도 중요하다.

음악과 스포츠는 원래부터 방식이 정해져 있다. 음악을 시작하려면 무조건 바흐를 배워야 하고 스포츠를 하려면 일단 단거리나 장거리를 달려야 한다. 하지만 지능을 알아보는 데는 정해진 방법이 없었다.

지능뿐만 아니라 애초에 '어떤 능력'을 측정하려면 어떻게 해야 할까? 예를 들면 '힘'이라는 능력은 어떻게 측정할 수 있을까? '벤치 프레스로 어느 정도의 무게를 들 수 있는가?', '얼마나 높이 뛰어오를 수 있는가?'일까? 실제로 체력은 여러 항목을 조합하여 측정한다. 운동 선수를 대상으로 할 때는 종목에 따라 중시하는 항목이 달라지지만 말이다.

능력은 그 사회의 인식과 깊은 연관이 있다. 사회가 어떤 능력을 요구하고 중요하게 여기는가? 이 같은 사회적 인식이 능력 검사에 반영된다. 지능에 관해서도 '머리가 좋은 것'을 어떻게 정량적으로 측정할지는 큰 과제였다.

20세기 초, 이 과제에 대처하기 위해 프랑스의 심리학자 알프레드 비네(Alfred Binet)와 시어도어 시몽(Theodore Simon)은 '지능 측정 척도'를 만들었다. 일반적으로 '머리가 좋다'라고 생각되는 능력을 가능한 한 많이 선택해 시험 형식으로 만들었다.

머리가 좋은 사람은 '사물을 잘 기억하고 법칙을 빠르고 정확하게 발견할 수 있으며 어휘를 많이 알고 올바르게 사용할 수 있다' 등등과 같은 능력이다. 그래서 기억력과 어휘력, 지시에 따른 도형 선택, 기호 조작 등 다양한 문제가 출제됐다.

요즘에는 비네의 검사를 개량한 데이비드 웩슬러의 지능 검사가 주로 사용된다. 원래는 개개인에게 검사자가 일일이 질문하는 수고스러운 방식이었지만, 지금은 컴퓨터로도 할 수 있다.

지능 검사 결과는 지능 지수(IQ)로 나타나며 득점은 평균값이 100인 정규 분포를 그리도록 점수가 조정된다. 지능 검사에는 각 국가의 상식 문제도 포함되어 있지만(예를 들면 '프랑스의 수도는 어디인가' 등), 어느 국가와 시대에서도 동일한 기준으로 비교할 수 있도록 설계되었다.

지능과 성적은 왜 100퍼센트 일치하지 않을까?

'똑똑함'을 조사하는 검사는 지능 검사 외에도 많이 있다. 학교에서 치르는 전국 모의고사가 대표적인 예다. 누구나 모의고사로 측정되는 학업 성적에 일희일비한 경험이 있을 것이다. 그럼 지능 검사로 측정되는 IQ와 학업 성적은 무슨 상관이 있을까?

2012년 영국에서 발표된 한 연구에서는 1만 쌍 이상의 쌍둥이를 대상으로 전국학력검사의 성적과 학업 성적에 관련 가능성이 있는 요인을 조사했다. 조사된 요인은 지능, 자기효능감(나는 할 수 있다는 감각), 학교 환경(을 학생 자신이 어떻게 파악하고 있는가), 가정 환경(을 학생 자신이 어떻게 파악하고 있는가), 성격, 행복감, (부모의 평가에 따른) 문제 행동, (아이 자신의 평가에 따른) 문제 행동, 건강 등 9개 영역이다.

어떤 요인이든 유전과 환경(공유 환경+비공유 환경)의 영향이 대체로 절반 정도 나오는데, 매우 흥미롭게도 학업 성적의 유전율은 60퍼센트로 지능의 50퍼센트를 웃돌았다.

학업 성적 유전율 60퍼센트를 더 자세히 살펴보면 그중 절반, 즉 30퍼센트는 지능 유전율로 설명할 수 있고 그 외에 자기효능감, 학교 환경(가정 환경의 영향은 거의 없다), 인성, 문제 행동, 행복감, 건강도 순으로 유전의 영향을 받는 것으로 나타났다.

학업 성적에는 지능 유전 요인이 가장 크게 관련되지만, 그 밖에도 여러 유전적 요인이 관련되어 있다는 것이다. 이 연구에서 조사한 성격은 근면성, 지적 호기심, 외향성, 동조성, 신경질 경향 등을 더한 것인데, 그중에서도 학업 성적과 강하게 연관된 것은 근면성이었다.

지능을 둘러싼 두 가지 이론

심리학에서는 지능의 구성 방식을 주로 두 가지 관점으로 바라본다.

하나는 하워드 가드너(Howard Gardne)가 제창한 다중 지능 이론으로 언어 지능, 논리 수학 지능, 인간 친화 지능, 자기 성찰 지능, 공간 지능, 자연 친화 지능, 음악 지능, 신체 운동 지능이라는 여덟 가지 지능이 개별적으로 존재한다고 했다.

또 하나는 20세기 초, 영국의 심리학자 찰스 스피어만(Charles Spearman)이 발견한 일반 지능 이론이다. 전체적인 '똑똑함'을 나타내는 일반 지능이라는 능력이 존재하며 그 하위에 언어나 도형 등 다양한 능력이 느슨한 계층 구조를 이룬다.

나는 기본적으로 일반 지능 이론을 지지하지만, 각 능력이 완전히 일반 지능만으로 설명된다고 생각하지는 않는다. 그러나 언어에 관한 검사와 수학, 도형, 기억 등 여러 검사 결과를 보면 대개 0.3~0.5 정도의 상관관계를 보인다. 언어를 사용하는 검사에서 뛰어난 사람은 도형이나 기억 검사도 우수한 경우가 많으므로, 일반 지능이 존재한다고 가정하는 것은 그리 부자연스럽지 않다.

학력은 일반 지능을 기반으로 형성된다고 생각할 수 있다. 일반 지능을 통해 특정 과목에 관한 콘텐츠 지식을 배운다. 이를테면 물리와 화학 문제를 풀 때 수학 지식을 활용할 수 있다. 더불어 역사의 흐름을 잘 파악하는 사람은 무의식 중에 머릿속에서 그 흐름의 이미지를 잡기 위해 미분 방정식을 생각할 수도 있다. 완전한 계층 구조를 이루지는 않지만, 각 과목의 지식들은 어느 정도 영역을 설정해 놓고 느슨하게 연관되어 네트워크 구조를 형성한다. 다른 지식 간의 네트워크를 만들어 내는 작업이 바로 일반 지능이다.

지능과 학업 성적 사이에는 확실히 강한 상관관계가 있지만 학업 성적의 정도, 이른바 학교에서 필요로 하는 지능만 지능이라고 생각하고 그 결과를 과대평가하는 것은 생각해 볼 문제다. 학교에서 쓰이는 지능은 우리가 처한 현실 세계의 상황과 반드시 직접 연관되지 않을 수도 있는, 표준화된 지식을 학습한 정도를 측정하는 것이다. 진짜 사회에서 쓰이는 능력 자체가 아니기 때문이다.

교과서에서 나오는 지식은 실제 자연과 사회에서 일어나는 일, 일어난 일에 관해 수많은 학자와 위인 들의 지혜가 만들어 낸 지식 창고라 할 수 있다. 그러나 그 창고의 순도가 지나치게 높은 나머지, 그것을 삶의 경험 속에서 어떻게 요리하고 활용하면 좋을지 그 방법을 전혀 알 수 없는 일이 많다.

교육 관계자와 학생 시절에 공부를 잘하던 사람들은 그 방법이 비교적 잘 보이는 사람들이므로 '학교 공부는 실제 사회에서도 도움이 된다'라고 말할 테지만, 그것은 그 사람들의 재능이 학교 지능에 잘 부합하거나 일반 지능이 높아서 학교 지식과 현실 사회에서 사용하는 지식의 네트워크를 스스로 힘들이지 않고도 만들 수 있었기 때문에 할 수 있는 소리다.

일반 지능이라는 '전반적인 똑똑함'이 있더라도 그 아래에는 특정 콘텐츠가 들어온다. 학교에서는 그 특정 콘텐츠가 국어, 수학, 과학, 사회 등으로 표준화되어 있다. 그것만으로 실제 사회에서의 모든 콘텐츠를 다룰 수 있는 것은 아닌데 말이다.

많은 가축을 잘 돌볼 수 있는 능력, 자신의 주장만 밀어붙이는 사람과 협상하는 능력, 건설 장비를 사용해 공사하는 능력 등, 이런 능력들도 많든 적든 일반 지능과 연관성이 있다. 그럼에도 학교에서는 실제로 사회생활을 할 때 발휘되는 특정 콘텐츠와 결부된 개별 능력을 평가하는 시스템을 기대할 수 없다. 덧붙여 일반 지능 또한 '모든 일을 잘 처리할 수 있는 능력'을 가리키진 않는다.

실제 사회에서 사용되는 진정한 능력을 전달하고, 평가하고 싶다면, 하나하나 실제로 인물을 데려와 현장에서 알기 쉽게 사용법을 보여 주어야 한다. 이렇게 하려면 비용이 많이 든다. 그런 의미에서 학교 교육은 타협의 산물이다. 당연한 말이지만 학교 지능과 일반 지능이 만능 지표가 아니라는 점을 이해해야 한다. 학교 공부를 잘하지 못한다는 게 정말로 능력이 없다는 뜻은 아니라는 말이다.

뇌과학으로 밝혀 낸 똑똑함의 정체

심리학에서는 지능 검사로 지능을 연구해 왔다. 최근에는 뇌과학에서도 지능의 실체를 밝히는 연구를 활발하게 진행 중이다. 예를 들어 피험자가 도형 패턴의 법칙성을 찾는 문제를 푼다고 치자. 피험자의 뇌를 조사하면 전전두피질 안쪽 영역이 활성화되어 있음을 알 수 있다.

인간을 비롯한 영장류는 앞서 소개한 중앙 실행 네트워크, 즉 전두엽과 두정엽이 얼마나 잘 동조하는지가 지능과 밀접하게 연관된다. 이러한 정보 처리 능력은 성격인 신경증 경향과도 관련이 있다.

신경증 경향은, 뇌의 기능에 제동을 거는 힘의 강도를 가리킨다. 이 힘이 너무 강하면 보통 사람이 아무렇지 않게 하는 것까지 '이건 하면 안 되지 않을까?'라고 불안해하거나 신경질적으로 반응한다. 적당한 범위에서 잘 작동한다면 감정을 조절하고 정보를 잘 처리하면서 적절히 콘텐츠에 주의를 기울일 수 있지만 말이다. 심리학에서는 이것을 '실행 기능' 또는 '억제 기능'이라고 부르며 일반 지능의 주요한 기능 중 하나로 간주한다.

일반 지능의 이른바 '머리 회전 속도'에 구체적인 콘텐츠를 도입하거나 끌어내는 것도 중요하다. 여기에는 새로움과 경험에 대한 개방성이라는 성격, 즉 새로운 것을 좋아하는 지적 호기심이 관여한다. 전전두엽과 두정엽이 잘 동조하여 작동하면 적절한 시기에 적절한 콘텐츠에 주의를 기울일 수 있고, 지적 호기심을 가지고 지식을 도입할 수 있다. 이것이 뇌 과학이 밝히는 '똑똑함'의 실체다.

한계에
갇혔을 때
기억할 3가지

'이게 좋아', '이건 할 수 있을 것 같아.'

이런 긍정적인 내적 감각은

능력에 관한 중요한 실마리를 제공한다.

당연한 일이다.

자신만 느낄 수 있는,

마음속 깊은 곳에서 속삭여 주는

재능의 싹이기 때문이다.

유전자가
모든 미래를
결정하지 않는다

모든 것이
정해져 있다는 착각

행동유전학에서는 유전을 연구하는 주된 방법으로 쌍둥이법을 수행한다. 이 방법으로 유전은 모든 능력에 50퍼센트는 영향을 미친다는 것이 밝혀졌다.

여기서 주의해야 할 점이 있다. 쌍둥이 연구로 산출되는 유전적 영향은 집단 수준의 '통계량'일 뿐이다. 연구 대상이 된 집단에서 어떤 표현형의 편차를 유전의 편차로 얼마나 설명할 수 있는지, 환경에 따라 그것을 바꾸는 것이 어느 정도 어려운지 보여주는 데 지나지 않는다는 뜻이다.

앞에서 몸무게의 유전율은 90퍼센트 이상이라고 했다. 이것은 환경을 바꿔도 몸무게를 바꾸기가 상당히 어렵다는 것을 보여 주지만, 개인적으로 적절한 다이어트법을 실천해서 몸무게를 극적으로 줄이는 일이 불가능하다는 뜻은 아니다. 몸무게는 생물학적 대사 활동으로 변하기 때문에 마른 사람이 살찌우는 편이 그 반대보다 훨씬 쉽기는 하겠지만 말이다.

쌍둥이 연구가 보여 주는 유전율은 우리에게 어떤 모습이 있고 미래에 어떻게 될지를 일반적인 의미로 보여 줄 뿐이다. 개개인에게 어떤 능력이 있고 그로 인해 미래에 어떻게 되는지는 알 수 없다. 이것이 2010년대 중반까지의 상식이었다.

2000년대 초, 전장 유전체 연관 분석(GWAS, genome wide association study)이라는 기법이 도입되었다. GWAS는 서로 다른 개인 간의 게놈 전체에 대해 유전적 변이가 있는 위치와 표현형과의 관계를 조사하는 것이다. 이 기법을 사용해서 '이런 유전적 변이가 있으면 표현형에 이 정도의 영향을 미칠 가능성이 크다'라는 다유전자 점수(polygenic score)를 측정한다. 조사 대상인 유전적 변이는 주로 단일 염기 다형성(SNP, single nucleotide polymorphism)이다. SNP('스닙'이라고 읽는다)은 하나의 염기만 다른 염기와 다른 변이를 말한다.

GWAS 이전의 유전자 해석 기술은 모노제닉(monogenic), 즉 단일 유전자의 변이가 표현형에 어떻게 영향을 미치는지 알아보는 것밖에 할 수 없었다. 이를테면 1996년에 보고된 도파민이라는 신경전달물질과 관련된 유전자 DRD4는 새로운 경험에 대한 개방성이라는 성격 특성의 개인차와 관련이 있음을 발견했다(이 결과가 이후의 수많은 추가 실험에서 검증되지는 않았지만).

단일 유전자로 설명할 수 있는 표현형은 사실 그리 많지 않다. 대부분 표현형은 여러 유전자가 작용하여 발현되는 다유전자다. GWAS는 어떤 유전자가 어떻게 작용하는지는 알 수 없지만 염색체에서 어느 위치와 관련된 SNP이 있는지 보여 주고, 전체 정보에서 질병 및 기타 위험에 대한 확률적인 지표를 제공한다. 이를 통해 지혈증, 고혈압, 당뇨병, 암, 심근경색, 알츠하이머병 등에 대해 가능한 한 빨리 발병을 예측하고 예방하려는 움직임이 나타나고 있다.

질병 이외의 다른 표현형도 GWAS에서 밝히려고 시도했는데, 2016년경까지는 별다른 성과가 나지 않았다. 지능 검사 결과와 참가자의 게놈 분석에서 지능에 영향을 준다고 생각되는 SNP이 70개 정도 발견되기는 했지만, 이들 SNP의 효과성을 더해도 그 영향은 기껏해야 몇 퍼센트에 불과했다. 쌍둥이법으로 산출한 지능의 유전성 50~60퍼센트와는 큰 차이가 있었다. 나는 게놈 분석으로 개인의 역량을 밝히는 것은 불가능하거나 적어도 아주 먼 미래가 되리라고 생각했다.

유전자 검사는
확률에 불과하다

그러나 상황은 2016년경부터 급변했다. 학업 능력에 영향을
미칠 것으로 보이는 SNP이 갑자기 1,200개 이상 발견된 것이다
(일반적으로 학력과 지능 사이에는 강한 상관관계가 있다). 각각의 SNP
의 효과성은 미미하지만, 그것을 다 더하면 무려 12퍼센트에 이
른다. 즉, 유전자 검사 결과에 따라 개인 차원의 학업 능력을 10
퍼센트 이상까지 설명할 수 있게 된 셈이다.

70개밖에 발견되지 않던 SNP이 갑자기 1,200개 이상이 되
다니 의아한 사람도 있을 것이다. 세계 각지에서 바이오 뱅크라
는 연구 프로젝트가 수행되고 있는데(영국의 UK 바이오 뱅크 등),
유전자 정보와 다양한 신체적·생리적 특징, 생체 샘플, 생활 환
경 등의 정보를 대규모로 수집한다. 또한, 23 and ME와 같은 유
전자 검사 기업도 대규모 데이터베이스를 보유하고 있다.

이러한 데이터베이스에는 학력도 기본 정보로 등록되어 있으
며, 그것들을 합치면 100만 명 이상의 데이터가 된다. 그래서 지
능과 0.5의 상관관계가 있는 학력 데이터도 지능 지표로 사용할
수 있다는 것을 발견했다. 이 데이터를 GWAS에 적용하자 연구

는 급물살을 타고 진행되었다. 또한 2022년 최신 논문에서는 샘플이 300만 명으로 늘어나 설명률이 16퍼센트에 도달했다.

학력에 대한 다유전자 점수는 영국 바이오뱅크 등의 자료로 산출되었으며, 이를 활용한 연구도 진행되고 있다. 그중에서도 2020년, 미국 행동유전학자 캐서린 하든(Kathryn Harden) 등이 발표한 연구가 주목을 받았다.

이 연구는 1994년 및 1995년부터 4년간 미국 고등학교에 재학 중인 유럽계 학생 3,635명을 대상으로 했다. 미국 고등학교에서는 난이도에 따라 수학 과목이 나뉘는데, 하든 연구팀은 학력에 관한 다유전자 점수가 최종 학력과 어떤 연관성이 있는지 살펴봤다. 9학년(한국의 중학교 3학년에 해당) 기준으로 학력 다유전자 점수가 높은 학생일수록 고난도의 수학 과목을 시작했고 고등학교 졸업 후에는 대학교, 심지어 대학원에도 진학했다. 중간에 탈락하는 사람도 별로 없었다.

반면 학력 다유전자 점수가 낮은 학생은 9학년에 난도가 낮은 과정부터 시작했고 도중에 탈락하는 일도 많았다. 가장 아래 등급부터 시작한 학생 중 최종 학력이 대학교 이상인 학생은 없다. 나 또한 상당히 두려운 연구 결과라고 생각한다.

이 연구는 학생의 사회 계층(SES, Social economic Status)과의 연관성도 조사했다. 사회 계층이란 학력, 소득, 직업 등을 종합해 산출한 사회·경제적 상태를 말한다. 재학 중인 학생들의 평균 사회 계층이 높든 낮든 상관없이 다유전자 점수가 높은 학생은 수학 수업을 잘 따라갔다. 사회 계층이 낮은 학생이 많이 다니는 학교에서는 평균 혹은 낮은 점수 학생은 탈락하기 쉽고, 사회 계층이 높은 학생이 많이 다니는 학교에서는 다유전자 점수가 매우 낮은 학생만 탈락한다. 요컨대 다유전자 점수가 높은 학생은 어떤 학교에서나 우수하지만, 점수가 평균 혹은 낮은 학생은 학교의 질에 영향을 받는다는 뜻이다.

현재 학력 다유전자 점수에 따른 효과성은 12~16퍼센트 정도이지만 향후 분석 대상 데이터를 늘리고 다른 데이터와의 상관관계를 확인하면 효과성이 높아질 것으로 보인다. 태어날 때, 혹은 어머니의 태내에 있을 때 유전자 검사를 하면 미래의 학력을 어느 정도 알 수 있게 되었다.

환경의 영향이 50퍼센트이고 관련된 SNP과 유전자를 모두 알아도 쌍둥이법에서 발견된 유전율 50퍼센트를 넘진 않으므로 유전자 검사만으로 아이의 장래를 확실하게 알 수는 없지만, 그래도 그 사람이 대학교에 갈 수 있는 잠재 능력의 설정 값을 구체적으로 수치화할 수 있다. 그러므로 명문대에 갈 확률을 과거의 일기 예보나 지금의 지진 예측 확률보다 정확하게 예측할 수 있다.

최근 유전자 검사 사업이 인기를 끌고 있다. 지금은 주로 질병의 위험성에 관해 설명하지만, 사실 가장 많이 설명할 수 있는 부분은 질병의 위험보다 학력 혹은 그로부터 시사하는 지능이다. 이것은 단순히 분석된 DNA 샘플에서 특정 질병의 샘플 수보다 학력과 소득, 직업 정보에 관한 샘플 수를 훨씬 많이 얻을 수 있기 때문이다.

이론적으로는 학력뿐만 아니라 지능을 비롯하여 성격, 스포츠, 예술 등 모든 분야에 대해 다유전자 점수를 산출할 수 있다. 그것을 측정하는 방법과 그 측정값과 함께 DNA 샘플을 대량으로(수백만 명 혹은 그 이상) 받을 수 있는 시스템을 만들기만 하면 말이다.

그런데 여러분은 그런 시스템이 생기기를 원하는가?

인생 뽑기에
완전한
꽝은 없다

저마다 의미가 다른
부모 뽑기

소득 격차가 심해진 탓인지 일본에서도 '부모 뽑기'라는 말이 자주 들리게 되었는데, 이 용어는 사람에 따라 여러 의미로 쓰이는 것 같다.

첫 번째는 극도로 심각한 상황에 처한 가정을 가리킨다. 아버지는 항상 집에 없고, 어쩌다 있을 때는 술을 마시고 가족에게 폭력을 휘두른다. 어머니는 아이의 식사를 챙기지 않고 그저 방치한다. 이런 집안에서 태어난 것을 한탄하는 '저주받은 부모 뽑기'다. 묻지 마 살인 사건 같은 안타까운 사건의 이면에는 종종 이런 사연이 있다고 보도되기도 한다.

두 번째는 그동안의 삶이 자기 책임이 아니었다는 걸 깨달았을 때 말하는 부모 뽑기다. 그다지 부유하지 않은 가정에서 태어나 힘들게 살았지만 열심히 노력해서 남들만큼 살게 되었다. 그런 사람들은 부모 뽑기라는 말이 오히려 그동안의 고통을 해소해 주는 말이라고 한다. 운은 나빴지만 그건 내 잘못이 아니었다는 '내 마음을 구원해 주는 부모 뽑기'다.

세 번째는 농담으로 말하는 부모 뽑기다. '우리 부모님이 좀 더 부자였으면 좋겠다', '부모님이 더 잘생겼더라면'이라는 약간의 우스갯소리로 할 수 있는 수준이다. '그래서 어쩌라고'인 셈이다.

사람마다 의미와 진지함의 정도가 달라서 일률적으로 말할 수는 없지만 행동유전학에 대한 관점에서 부모 뽑기는 어떻게 해석해야 할까? 단서를 얻을 수 있는 몇 가지 연구를 소개하겠다.

조기 교육의 효과는 어느 정도일까?

아이에 대한 교육이 미래에 어떤 영향을 미치는지 조사한 연구로는 제임스 헤크먼(James Joseph Heckman)이 미국 미시간 주페리 유치원에서 수행한 취학 전 연구가 있다. 이 실험은 매우 거칠고 빈곤하며 범죄자도 많은 환경에서 진행되었다. 저소득층에서 IQ가 70~85인 교육상 어려움을 겪는, 3~4세 아프리카계 미국인 123명을 두 그룹으로 나누었다. 한 그룹에만 질 높은 유치원 교육을 제공하고 다른 그룹과 비교했다.

취학 전 교육은 상당히 충실한 내용이었고, 대상자인 유아들은 2년간 매일 유치원에 다니며 전문가에게 수업을 받았다. 주 1회 교사가 가정 방문을 했고 월 1회 학부모 단체 모임도 진행했다. 그렇게 2년간의 취학 전 교육이 종료된 후 대상자가 40세가 될 때까지 추적 조사를 하여 대조군과 비교했다.

취학 전 교육을 받은 그룹의 IQ와 학력은 일시적으로 상승했지만, 8세 시점에서는 대조군과 별 차이가 없었다. 그렇다고 취학 전 교육에 전혀 효과가 없었던 것은 아니다. 성인이 된 후 소득과 범죄율, 생활 보호를 받는 비율 등에 관해, 대상자 그룹은 대조 그룹보다 양호한 결과를 보였다.

다만 취학 전 교육의 효과량은 3세 아이에게 할 경우 3~4퍼센트 정도였다. 그보다 나이가 많은 아이들을 연구했을 때는 효과가 더욱 감소했다. 이외에 진행된 취학 전 연구도 결과는 같았다. 이는 가정 내에서 혼돈 정도를 측정하는 카오스의 설명력과 거의 같은 정도다. 또한, 취학 전 교육이 초점을 맞춘 것은 '적절한 환경', 즉 카오스가 측정한 것과 같은 환경 측면이다.

취학 전 교육에서 습득한 능력이 이후 삶에 극적인 영향을 미치지는 않지만, 상당한 효과가 있음을 실험적으로 입증했다는 점에서 교육계에 지속적으로 큰 영향을 미치는 연구이다. 현재 '비인지 능력'이라고 불리면서 유행하고 있는 것이다. 아이가 처한 환경이 열악하다면 취학 전 교육을 철저하게 제공함으로써 (비록 학력이나 지능 향상으로 이어지지는 않더라도) 생활 방식을 개선할 수는 있다.

'마시멜로 실험'의 진짜 의미

아이가 어릴 적에 보이는 행동은 그 후의 인생에 어떤 연관이 있을까? 이런 연구에서 가장 유명한 것으로 마시멜로 실험을 들수 있다. 4세 아이에게 '15분 동안 마시멜로를 먹지 않고 참으면한 개를 더 주겠다'라고 하며 아이를 혼자 방에 남겨두고 나간다. 그리고 그 모습을 카메라로 관찰하는 실험이다. 아이가 30대가 될 때까지 추적한 결과 마시멜로를 먹지 않고 참고 기다렸던 아이는 사회적으로 성공한 비율이 높았다.

심리학자 월터 미셸(Walter Mischel)이 마시멜로 실험을 한 후다양한 연구자가 비슷한 실험을 했다. 결과에 대해서 가정의 사회 계층이 영향을 미쳤다는 주장이 제기되었는데, 결국 부유한 가정의 자녀들이 성공하기 쉽고, 가난한 가정의 자녀들은 성공할 확률이 낮다는 것이 아니냐는 반론도 있었다. 요컨대 '부모 뽑기'가 아니냐는 것이다. 행동유전학적으로 마시멜로 테스트는 어떻게 해석할 수 있을까?

마시멜로 테스트와 유사한 실험으로는 콜로라도 대학교 아키라 미야케 교수가 실시한 작업 기억 연구가 있다. 작업 기억은 작업 등에 필요한 정보를 일시적으로 기억하고 이용하는 능력을 말하며, 일반 지능과도 밀접한 관련이 있다. 작업 기억에는 몇 가지 기능이 있는데 그중 하나가 앞에서 일반 지능의 본질로 소개하던 실행 기능, 즉 충동적인 행동을 억제하고 적절한 행동을 취하도록 하는 억제 기능이다.

실험은 2세 또는 3세 쌍둥이 200쌍을 대상으로 진행했고 실험 대상자들은 마시멜로 실험과 유사한 과제를 수행했다. 그 후 대상자가 17세가 되었을 때까지 실행 기능 추적 조사가 이루어졌다. 2, 3세 무렵의 결과와 17세 시점의 억제 기능 사이에는 0.5라는 강한 상관관계가 있었다. 그뿐 아니라 17세 때 작업 기억에 미치는 유전의 영향은 오차 성분을 통계적으로 제외하면 거의 100퍼센트로 나타났다. 어린 시절 마시멜로를 먹지 않고 참을 수 있는지 여부가 아이가 성인이 되었을 때 영향을 미치는 것은 사회 계층보다 유전의 영향이 크다는 말이다.

부유하지 않아도
걱정할 필요 없다

2016년 대니얼 벨스키(Daniel Belsky) 등이 발표한 교육 성취도 연구도 있다. 3세 아동 시점에서 뉴질랜드 더니든에 살고 있는 약 1,000명(주로 백인)을 대상으로 실험했다.

이 실험을 통해 출생부터 38세까지의 경제 상황과 다유전자 점수의 관계를 조사했다. 다유전자 점수는 앞에서도 등장한 용어다. 전장 유전체 연관 분석(GWAS, Genome Wide Association Study)에 의해 교육 성취도와 관련된 유전자 변이를 발견하고 그로부터 계산된 다유전자 점수를 활용한다. 결과는 어땠을까?

교육 성취도가 높은 사람은 사회 계층이 높은 가정에서 자라는 경향이, 다유전자 점수가 낮은 사람은 사회 계층이 낮은 가정에서 자라는 경향이 있었다. 무미건조한 결과지만, 일단 사실이다. 흥미로운 점은 이제부터다.

사회 계층이 낮은 가정에서 자란 사람이라도 다유전자 점수가 높았던 이들(그런 사람도 일부 있었다)은 조기에 언어 능력을 획득했고 상승 지향도 강하게 나타났다. 또한 다유전자 점수가 높을

수록 원래의 사회 계층에 좌우되지 않고 경제적으로 풍요로워
지는 경향이 있었다.

운명을 어떤 의미로
받아들여야 할까?

이러한 연구 결과에서 '부모 뽑기'를 어떻게 생각하면 좋을까?
우선 빈곤과 학대 등 문제가 있는 가정에 정부 등 행정 기관이
개입해야 한다. 이 연구 결과는 최대한 아이가 어릴 때 개입해
야 한다는 것을 시사한다. 특히 일본의 경우 한부모 가정의 상
대적 빈곤율이 50퍼센트를 넘어 상황이 심각하다. 그럼 이러한
빈곤 상태에 있지 않은 가정의 경우는 어떨까?

'우리 집 수준은 상중하 중에서 중이나 하'라고 생각하는 이들
에게는 부자들은 다양한 기회를 타고난 것처럼 보일 수도 있다.
'우리 집이 부자라면 좀 더 좋은 학교에 다니고 내 아이도 부자
가 될 수 있을 텐데…' 이렇게 생각할 수도 있다. 그러나 행동
유전학적 관점에서 보면 중하위층 가정과 경제적으로 풍요로운
가정을 비교해도 집단으로 보면 큰 차이가 없다.

다유전자 점수가 높은 아이가 사회 계층이 높은 가정에서 자
라는 것은, 가정 환경의 영향도 물론 있겠지만 부모의 원래 유전

의 영향이 크다.

  설령 사회 계층이 낮은 가정에서 태어나더라도 본인에게 유전적 소인이 있다면 성공할 가능성은 충분히 있다. 그렇다면 유전적 소인이 없다면 어떻게 해야 할까?

  자, 드디어 유전의 잔혹한 면이 보이기 시작했다. 이 문제는 이후 4장에서 다시 살펴보자.

우리는
'능력'에 대해
착각하고 있다

꾸준함과 능력은
어떤 관계일까?

재능은 사람이 가진 능력 중 사회적으로 뛰어나다고 평가받는 것이다. 이 정의에 관해서는 대체로 수긍할 것이다. 그렇다면 능력이란 무엇일까?

어떤 사람이 리스트의 〈라 캄파넬라〉라는 어려운 피아노곡만 연주할 수 있다고 가정해 보자. 지금도 앞으로도 그가 연주할 수 있는 피아노곡은 〈라 캄파넬라〉가 유일하다. 이 사람은 다른 피아노곡은 고사하고 다른 악기도 전혀 연주하지 못하고 악보를 읽을 줄도 모른다. 확률적으로 극히 낮은 기적 같은 일이지만, 어떤 어부에게 실제로 일어난 감동적인 일화다.

이 어부에게 전문 피아니스트와 같은 음악적 능력이 있다고 말할 수 있을까? 그런 잠재력이 있었다고 할 수는 있다. 그런 의미에서 그는 분명 재능이 있었다. 그렇다고 피아니스트와 같은 능력이 있다고 할 수는 없다. 한 개인이 특정한 과제에 대해 한 번이 아니라 꾸준하고 일관된 성취를 반복적으로 보일 때, 우리는 그에게 '능력이 있다'라고 간주한다.

능력은 대개 계층 구조로 형성된다. 보통은 〈라 캄파넬라〉밖에 칠 수 없는 사람은 극히 드물다. 〈라 캄파넬라〉를 칠 수 있는 정도라면 대부분의 피아노 곡을 칠 수 있다. 특히 낭만파를 잘 친다. 피아노곡은 전반적으로 다 잘 치며 악기 종류와 음악의 장르를 불문하고 전반적으로 음감과 리듬감이 있다. 이런 식으로 '음악적 능력'은 느슨한 계층 구조를 이룬다. 같은 음악적 능력이 있어도 어떤 사람은 쇼팽보다 바흐를 더 잘할 수도 있고 어떤 사람은 피아노가 아닌 바이올린을 잘할 수도 있다.

클래식에 전혀 관심이 없지만, 트로트나 K-POP을 잘 아는 사람도 있을 것이다. 음악을 예로 들었지만, 사회적으로 공유된 문화 영역에 한 개인이 일관된 수준의 행동을 보일 때, 거기에는 이러한 계층성을 이루어 낸 능력이 있다고 할 수 있다.

능력은 순수하게 잘한다는
의미가 아니다

그렇다면 능력이란 이른바 사회 구축물, 즉 특정 사회에서 인위적으로 만들어진 개념일까? 나는 모든 능력에 대해 사회 구축물과 생물학적 메커니즘을 명확하게 구별하는 것은 불가능하다고 생각한다. 키를 생각해 보자. 키는 순전히 생물학적인 형질이고 사회 구축물이 끼어들 여지가 없다고 생각하는가? 그렇다면 아기의 키는 어떤가?

아기는 똑바로 서지 못한다. 누운 아기의 길이를 측정할 수는 있지만, 어떤 상태의 어느 부분을 측정한 것이 키라고 단언할 수 있을까? 어른이 키를 잴 때 발돋움하거나 등을 구부리면 간호사한테 혼이 날 것이다. 순전히 생물학적 개념이어야 하는 키조차도 사회의 인식에서 자유롭지 못한 것이다.

반면 '쇼팽 국제 피아노 콩쿠르 우승자', '명문대생'이라는 명칭은 분명히 사회가 붙여 준 라벨이지만, 쇼팽 국제 피아노 콩쿠르 우승자의 연주는 1위임을 모르고 들어도 감히 흉내 낼 수 없을 정도로 대단한 경우가 많다.

라디오에서 우연히 중간부터 연주를 듣고 감동받아 피아니스트가 누구인지 찾아보면 유명한 국제 콩쿠르에서 우승한 사람이었던 적이 종종 있다(당연히 그렇지 않은 경우도 있지만 말이다). 명문대 졸업생 중에도 깜짝 놀랄 만큼 어리석거나 시답지 않은 사람이 없지 않다. 하지만 대부분 평균 이상의 문제 해결 능력을 기대할 수 있으며, 실제로 일을 잘해 내는 사람이 많다.

생물학적 메커니즘을 바탕으로 '능력'은 어떤 사람이 보이는 특정 행동을 사회가 높이 평가할 때, 비로소 인정받는 것이다. 반면 사회가 그 행동을 높이 평가하는 안목을 갖추지 못했다면 특정 행동을 하더라도 능력으로 인정받지 못한다. 중요한 포인트이니 잘 기억하도록 하자.

능력을 발휘할 때
뇌는 어떤 역할을 할까?

능력은 생물학적인 메커니즘에 기반을 둔다고 했는데, 그 메커니즘은 무엇일까? 키와 몸무게 등 체형은 차치하고, 인간이 보여 주는 대부분의 행동은 뇌 네트워크와 관련되어 있다. 사람마다 뇌 네트워크가 다른데, 뇌 네트워크의 구성에는 유전이 크게 영향을 미친다. 외부 자극에 어떻게 반응하는가? 무엇을 어떤 식으로 기억하고 어떻게 처리하는가. 본인이 의식하든 아니든 간에 인간의 행동은 뇌 네트워크에 좌우된다. 자신이 자연스럽게 할 수 있고, 잘하는 일을 할 때 특정한 네트워크가 활성화되는 식이다.

최근 뇌 과학의 발전으로 뇌 네트워크와 능력 사이의 관계가 많이 밝혀졌다. 뇌 네트워크에는 많은 종류가 있지만, 여기서는 크게 세 가지 유형에 초점을 맞추겠다.

첫 번째 네트워크는 감각 운동 네트워크다. 후부대상회에서 정수리에 걸쳐 존재하며 주로 신체적 자아와 환경 인식을 관장한다. 두 번째는, 배외측 전전두엽과 후두정엽을 중심으로 한 중앙 실행 네트워크다. 작업 기업과 자기 통제 등 고차원직 인지 기능을 관장하고 자아와 사회를 연결하는 능동적인 정보 처리를 담당한다. 세 번째는 해마와 후부대상회, 내측 전전두엽을 중심으로 구성된 기본 모드 네트워크다. 기억과 자아, 사회적 감정과 사회적 가치와 관련이 있다.

감각 운동 네트워크는 환경에서 자신을 신체가 있는, 살아 있는 생명체로서 현실적으로 인식하게 한다. 주변 환경을 인식하고 그곳에서 어떻게 움직여야 잘 적응할 수 있을지 예측한다. 뇌의 우연한 배선 상태에 따라 어떤 행동을 잘하느냐는 사람마다 다르지만, 자신이 잘하는 행동을 할수록 긍정적인 피드백을 받고, 그에 따라 복잡하고 정교한 행동이 가능해질 것이다.

한편 중앙 실행 네트워크는 이른바 지적 활동, 즉 사회적 지식과 일반적 가치관 등 추상적인 개념을 처리한다. 이 부분은 지능 검사나 학교 공부 등에 사용되며, 뇌에 흩어진 여러 지식을 연결하는 일반 지능의 중심을 담당한다. 사회에서의 자기 위치도 인식하도록 만들어 주는데, 어디까지나 표준적인 일반 지식을 통제하고 사용하는 것과 연관이 있다. 가령 벼락치기로 달달 외워서라도 성적을 내야 할 때 다른 뇌 활동을 억제하고, 이 부분을 활성화시킬 수도 있다. 가장 유전율이 높은 영역으로 보인다.

기본 모드 네트워크는 신체를 관장하는 감각 운동 네트워크에 더해 일반적이고 추상적인 정보를 관장하는 중앙 실행 네트워크까지 조율한다. 감정을 느끼며 자신의 이야기를 일관성 있게 엮어 낸다. 언제 어디서나, 심지어 자고 있을 때도 끊임없이 활동하기 때문에 뇌의 공회전 기능이라고도 한다. 뒤에서 설명할 내적 감각, 막연한 마음속 목소리도 이 부분이 아닐까.

다소 단순화한 느낌이지만 이 세 가지 네트워크는 상황에 따라 다르게 사용된다. 한 부분이 활성화되면 다른 부분의 활동이 억제되기도 한다. 그 균형이 깨지면 어떤 일을 열심히 하려고 노력해도 내가 나답지 않다고 느끼거나 몰입하지 못해 억지로 주입식 학습을 하게 된다.

반면 재능 있는 사람들은 이 세 가지 네트워크가 균형 있게 작용하므로 개성을 발휘할 수 있고, 다음에 할 학습 과제가 저절로 생각난다. 자신이 잘 이해했고 앞으로도 잘할 수 있다는 감각에 도움을 받으면서, 진정한 능동적 학습 상태에서 배움의 길을 나아갈 수 있다.

긍정적 감각이 중요한 생물학적 이유

'좋아하는 일은 잘하게 된다'라는 일본 속담이 있다. 핵심을 찌른 말이라 할 수 있다.

"나는 딱히 좋아하는 게 없어."
"나는 별다른 능력이 없어."

이렇게 생각하는 사람도 있겠지만, 어떤 사람이든 앞서 말한 것과 같은 형태로 뇌 네트워크가 작동한다. 다른 사람보다 운동이나 공부를 잘하는 형태로 능력이 발현되면 이해하기 쉽지만, 능력으로 여겨지지 않을 정도로 미세한 기호 또는 취향으로 나타나기도 한다.

독서보다 몸을 움직이는 것이 성격에 맞거나, 날카로운 것보다 둥근 것을 볼 때 마음이 안정된다거나, 양배추를 채썰기 할 때 왠지 자신이 유능하다는 느낌을 받거나, 밤의 네온사인에 괜히 끌린다거나…. 누구에게나 소소한 적성과 호불호, 잘하고 못하는 것이 있다. 고유한 유전적 뇌 네트워크는 의식하든 하지 않든 발달 과정에서 다양한 환경과 만나고 상호 작용을 반복하면서 그 사람만의 독특한 차이를 24시간 찾아낸다. 음악적 재능이 있다거나 비록 최정상에 서지 않더라도 무언가 좋아한다는 것 자체가 이미 '그 사람다움'의 표현이고 능력의 싹이다.

'나는 이게 좋아', '이건 잘해', '이건 할 수 있을 것 같아.' 이런 긍정적인 내적 감각은 능력에 관한 중요한 실마리를 제공한다. 하지만 안타깝게도 많은 사람이 소소한 내적 긍정감을 대수롭지 않게 여기는 경향이 있다. 다른 사람들도 다 이 정도는 하겠지, 그게 뭐 대수로운 일이냐 라고 생각하며 스스로 과소평가한다. 다른 사람도 좀처럼 알아주지 않는다. 당연한 일이다. 자신만 느낄 수 있는, 마음속 깊은 곳에서 속삭여 주는 '재능'의 싹이기 때문이다.

유전적 소인을 바탕으로 환경과 상호 작용하고 그 내적 감각을 씨앗으로 삼아 재능을 능력으로 키워 간다. 좋아하는 일을 하다 보면 그 분야에 점점 자신감이 생기는 것은 생물학적 관점에서 봐도 자연스러운 과정이다.

생각하는 대로 따라가는 이유

'내적 감각에 귀를 기울여라.', '좋아하는 일을 해라.' 최근 뇌 과학 분야에서 주목받는 이론도 이런 내적 감각의 중요성을 시사한다. 2006년, 영국의 신경과학자 칼 프리스턴(Karl Friston)이 제창한 '자유 에너지 원리(FEP, Free Energy Principle)'다. 자유 에너지 원리는 상당히 복잡한데 한마디로 설명하자면 뇌는 예측기 기라는 말이다(아직 가설을 벗어나진 못했다).

인간은 뇌를 통해 외부 환경에 관한 감각 신호를 입력하며 외부 세계를 인식한다. '뇌는 예측기기'라는 자유 에너지 원리는 뇌가 감각 신호에 수동적으로 반응하는 것이 아니라고 주장한다. 방대한 입력 자극 패턴으로 통계적 확률을 계산함으로써, 환경을 예측하는 가설 모델을 능동적으로 만들어 낸다고 이야기한다. 감각 신호를 내보내는 환경 말이다.

이 예측과 실제로 수신되는 감각 신호를 비교함으로써 편차가 최소화되도록, 즉 계산에 쓰이는 에너지가 가능한 한 적어지도록 계산을 반복한다. 이 계산은 뇌 활동 자체가 수행하는 동시에 그 내적 모델을 검증하기 위해 자신의 몸을 움직임으로써 감각 신호를 변화시켜서 이루어진다. 이것이 행동 욕구이며 학습 활동이다. 이렇게 뇌는 끊임없이 예측하고 인간은 그 예측과 현실의 간극을 최소화하도록 행동한다.

무작위로 주어진 각 유전자가 뇌의 배선을 만들고, 그 뇌의 배선이 나름대로 쉽게 만들 수 있는 내적 예측 모델을 만들어 그 사람만의 학습 방식을 이끌어 나가는 것이다. 이때 '나는 이걸 할 수 있을/없을 것 같다'라고 예측하고 그 예측을 검증하기 위해 행동한다. 이 과정의 반복으로 약간의 유전적 재능 차이가 능력의 발현으로 이어진다고 생각된다. 이 내적 예측 모델은 의식적으로 만들 수 있는 것이 아니며(의식 자체가 내적 예측 모델로부터 만들어졌기 때문에), 거의 자동적이고 대개는 무의식적으로 작동한다.

따라서 자기 생각을 내적 감각으로 의식하기 어려운 경우가 상당히 많지만, 우리 의식 어딘가에 분명히 모습을 드러내고 있을 것이다. 이런 생각이 있음으로써 사람들은 자신도 모르게 나다운 방식으로 환경을 해석하고 그 속에서 적응하며 학습하고 행동한다. 그 결과, 유전자가 같은 일란성 쌍둥이는 모든 행동에서 이란성 쌍둥이보다 비슷한 것이다. 누구의 내면에서나 자기답기 위해 생기는 일이다. 그렇기에 마음속에서 우러나는 내적 감각에 귀 기울여 보자고 제안하는 것이다.

재능 있는 사람에게서 볼 수 있는 세 가지 조건

능력은 누구에게나 일어나는 과정을 거쳐 발현된다. 재능이라고 불리는 압도적인 능력의 발현이 있는 것도 사실이다. 지금까지의 연구로 나는 재능 있는 사람에게는 세 가지 조건이 있다고 생각하게 되었다.

첫 번째는 특정 영역에 적합하다. 특정 영역이란 장기, 피아노, 스케이트 등 이미 어느 정도 사회적으로 확립된 영역을 가리킨다. 특정 영역에 적합한 뇌 배선을 가지고 태어난 사람들은 거기서 나오는 정보에 뇌 예측 모델을 쉽게 적용할 수 있고, 그 영역을 처음 접할 때도 다른 사람들보다 훨씬 더 잘한다.

두 번째, 학습 곡선이 가파른 상승 곡선을 그린다. 재능 있는 사람은 다른 사람과 같은 경험을 해도 흡수하는 지식의 양이 완전히 다르다. 단순히 자료 학습 능력이 뛰어나다는 의미가 아니다. 뇌가 눈앞에 있는 것보다 더 좋은 상태, 지금 하는 일의 완성된 형태를 예측 모델로서 능동적으로 만들어 내는 것이다.

우리는 그 이미지를 어렴풋하게 지니고 있으면서 그런 방향으로 이끌리도록 학습하는 것이 아닐까? 앞에서 '뇌는 예측기기'라고 했다. 바로 이 '예측 뇌'가 만들어 내는 내부 모델의 질이 높다고 할 수 있겠다.

세 번째, 학습할 수 있는 충분한 환경이 제공된다. 가령 뇌의 배선이 바이올린 연주에 적합한 상태여도 생활공간에서 아무도 바이올린을 연주하지 않는다면 능력이 발현될 가능성이 떨어진다. 부모가 바이올린을 사 주고 배우러 다닐 기회를 제공하더라도 일상적으로 바이올린 연주곡을 들을 수 있는 환경이 아니거나 교사의 지도력이 지나치게 낮거나 바이올린을 자유롭게 켤 시간이 없다면 그런대로 잘 연주하더라도 '재능'으로써 꽃이 피진 못할 것이다.

재능 있는 사람은 대개 인생의 비교적 빠른 시기, 방대한 시간을 몰두해 학습하는 경험을 한다. 그렇게 할 수 있는 내적 조건과 환경이 갖추어질 때 재능이 발현되는 것이다. 분야에 따라서는 환경 조건을 갖추는 데 막대한 돈이나 인맥이 필요할 수도 있지만, 현대 사회에서는 엄청난 부자가 아니어도 능력을 꽃피울 기회가 생각보다 다양하다. 이를테면 라디오나 유튜브에서 흘러나오는 바이올린 음색이나 SNS에서 바이올린을 연주하는 친구 사진이 동기 부여를 할 수도 있다.

사실 세 가지 조건은 결과론에 지나지 않는다. 순조롭게 재능을 발휘한 사람들의 공통점을 살펴보니 이런 특징이 보이더라는 말일 뿐이라는 이야기다. 어떻게 하면 확실하게 이 조건에 스스로를 맞춰서 재능을 발견하고 키울 수 있는지, 방법을 제시한 것은 아니다. 그렇다면 이 재능을 어떻게 키울 것인가? 이 문제 역시 이후에 나올 4장에서 계속해 생각해 보자.

CHAPTER
3

어떻게
나의 가능성을
발견할까?

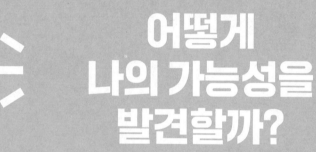

입시 당일 컨디션이 나쁘면
아는 문제를 풀지 못할 수도 있다.
하지만 목표한 학교에 들어가지 못했더라도
'인생이 끝났다'고 비관할 필요는 없다.
자포자기하여 허송세월하지 않고
자신의 능력을 키워서 보여 주기만 한다면 말이다.

좋은 학력보다 중요한 것은 따로 있다

학력은 미래에 얼마나 영향을 미칠까?

일본에서는 최근 중학교 입시가 과열되고 있다. 이런 경향은 특히 수도권에서 두드러지는데, 2022학년도 사립 및 국립 중학교의 입시 응시율은 17.3퍼센트에 달했다. 공립 중·고등학교 수험생까지 포함하면 응시율이 21.2퍼센트에 달했고, 도쿄도에만 한정하면 30.8퍼센트에 달했다.

저출산으로 모든 학생이 대학교에 들어갈 수 있는 시대가 되었다고 하지만, 좋은 대학교나 좋은 기업에 들어가지 못하면 '좋은 인생'을 살 수 없고 패배자가 될 수밖에 없다는 사람들의 위기의식은 오히려 더욱 커지고 있는 모양새다.

일본의 공교육 투자는 다른 나라에 비해 압도적으로 낮은 수준이므로(2017년 초등교육에서 고등교육에 이르는 총 공적 지출 비율은 OECD(경제협력개발기구) 평균이 10.8퍼센트인데 비해 일본은 7.8퍼센트였다) 공교육에 대한 불신으로 이어질 수 있다. 자녀를 둔 부모들이 느끼는 불안은 이해한다. 그렇지만 '좋은 학교'에 입학한다고 인생이 얼마나 달라질까?

2002년 프린스턴 대학교의 앨런 크루거(Alan Krueger) 경제학교수와 앤드류멜런기금의 스테이시 대일(Stacy Dale) 박사가 발표한 연구에 따르면, 미국의 대학교 입학 자격시험(SAT)의 성적이 같을 경우 명문 사립 대학교에 입학한 사람과, 반대로 붙었음에도 가지 않은 사람의 졸업 후 연봉은 별 차이가 없다고 한다. 빈곤 가정에서 자란 사람에게는 대학교의 수준이 연봉에 영향을 준다는 결과도 나왔지만, 이것은 앞에서 설명한 내용과 일치한다.

이러한 선행 연구를 근거로 일본의 교육 경제학자 나카무로 마키코(Nakamuro Makiko)는 쌍둥이법으로 일본 학교의 수준과 임금의 관계를 분석했다. 그 결과는 교육 연수의 차이는 임금에 일정한 차이를 만들지만, 어느 대학교에 가는지는 향후 임금에 영향을 미치지 않는다고 나왔다. 특히 일란성 쌍둥이가 각각 공부 잘하는 고등학교와 그렇지 않은 고등학교를 다니고, 서로 수준이 다른 대학교에 입학하더라도 그 차이가 미래의 임금에는 영향을 미치지 않는 것으로 나타났다.

고등학교와 대학교가 미래에 상당한 영향을 미치리라 생각하던 사람에게는 상당히 충격적인 결과일 것이다. 학교 교육에 따라 미래가 달라지는 것이 아니라 원래 갖고 있는 능력이 학교를 선택하게 만든다니 말이다.

입시 당일 컨디션이 나빠서 평소에 풀던 문제를 하나도 풀지 못할 수도 있다. 하지만 적어도 그런 문제 때문에 목표한 학교에 들어가지 못했거나 본의 아니게 낮은 등급의 학교에 들어갔더라도 '인생이 끝났다'고 비관할 필요는 없다. 자포자기하여 허송세월하지 않고 자신의 능력을 키워서 보여 주기만 한다면 말이다.

학교의 명성보다 중요한 것이 있다

다만 학교의 질, 즉 교육 수준이 아이의 미래와 무관하다고 단언할 수는 없다. 앞에서 나온 나카무로의 연구에서 학교의 질은 편차값으로 표현되는데, 2장에서 소개한 하든 등의 연구에서는 학교의 사회 계층(여기서는 학생 가정의 사회 계층 평균값)을 보고 있다. 하든 등의 연구에서도 학문적 다유전자 점수가 높은 학생은 어떤 학교에서나 우수한데, 이는 나카무로의 연구와 일치한다. 또 앞에서도 언급했듯이 다유전자 점수가 평균 혹은 낮은 학생의 경우, 사회 계층이 높은 학생이 많은 학교에서는 좀처럼 탈락하지 않는다(그래도 다유전자 점수가 현저하게 낮은 학생은 탈락한다). 그렇다면 우리는 '좋은 학교'에 가야 할까, 말아야 할까?

이것은 무엇으로 '좋은 학교'를 나누느냐에 달려 있다. 인간은 자신과 비슷한 유형이나 지능을 가진 사람들과 친구가 되려고 한다. 그런 사람들의 모임에서 편안함을 느끼기 때문이다. 원래 학업 능력이 그렇게 높지 않았다고 해도 시험 운이 좋아서 우연히 더 좋은 고등학교나 대학교에 합격하는 일도 있을 수 있다. 하지만 능력이 주변 사람들보다 너무 떨어지면 수업을 따라가기 어려운 문제가 생길 것이다.

부모는 '조금만 열심히 하면 좋은 학교에 들어갈 수 있을 텐데'라고 생각하기 쉽지만, '조금 열심히 한다'와 '죽을힘을 다해 열심히 한다'는 것은 차이가 크다. 입시 공부만 해도, 스스로 실력이 오르는 것을 실감하면서 동기 부여가 된다면 아무 문제도 없을 것이다. 그것이 자신의 유전적 소인에 부합하기 때문이다. 반면 '더 이상 공부하고 싶지 않다'라며 극심한 스트레스에 시달린다면 공부 내용과 유전적 소인이 맞지 않는 것이다. 그런 상황에서 공부를 강요한다고 좋은 결과로 이어지기는 힘들지 않을까?

중·고등학교 입시 예정이라면 편차값이나 학교의 명성이 아니라 환경의 편안함이나 배우는 사람의 가치관에 맞는 교사가 있는지, 배우고 싶은 과목이나 가르치는 방법이 있는지를 판단 기준으로 삼는 것이 좋다. 오픈 캠퍼스에서 학교의 분위기를 느껴 보고 그 학교에 다니는 아는 사람이나 졸업생의 이야기를 듣는 등 최대한 다양한 정보를 바탕으로 종합적으로 판단하자. 모든 학교에는 그 학교만의 개성이 있다. 그것은 교육 방침의 차이뿐만 아니라, 교사, 교직원과 사무직원의 분위기, 도서관과 운동장의 사용감, 학교 주변 환경 등 다양한 측면에서 느낄 수 있다. '여기는 왠지 마음이 편하다' 싶다면 그 느낌을 믿어 보는 것도 나쁘지 않다.

2장에서 언급했듯이, 인간의 내적 감각은 좀처럼 무시할 수 없다. 유전적 소인이 환경과 상호 작용한다는 신호이기도 하다. 마음속에서 이 학교가 좋다고 속삭인다면 그 신호를 존중하는 것도 한 방법이다.

학교가 학생에게 제공할 수 있는 재화에는 한계가 있다. 극단적으로 말하자면, 성적이 우수한 학교는 가르치는 방법이 뛰어나서 학생들이 우수한 것이 아니다. 우수한 학생들만 모아 놓았기 때문에 교사도 가르치기 쉽고 수준 높은 내용까지 가르칠 수 있는 것이다. 학교의 차이가 학생의 학력과 지능에 미치는 영향이 적다는 것은 행동유전학 연구에서도 입증되었다. 집단 편차 중 기껏해야 20퍼센트 또는 그 이하의 차이에 불과했다. 학업 능력 차이의 50퍼센트는 유전이고 30퍼센트는 가정 환경이다. 학교의 영향력이 전혀 없지는 않지만 사람들의 기대만큼 영향이 크지는 않다는 게 진실이다.

상관관계와 인과관계를 제대로 알자

학력 및 지능과 연관 있는 요소에는 성격도 해당한다. 빅 파이브 이론(Big Five personality traits)은 성격과 관련된 연구 분야에서 요즘 주류이다. 이 이론에서 성격은 외향성/내향성, 신경증, 우호성, 성실성, 경험에 대한 개방성(지적 호기심)이라는 다섯 가지 인자로 드러난다. 이 중 경험에 대한 개방성, 즉 지적 호기심의 폭은 지능과 관련이 있다.

다음은 한 편집자의 경험담이다. 그는 공립 중학교 졸업한 뒤 명문 사립 고등학교에 들어갔다. 그때 중학교와 고등학교의 너무나도 큰 차이에 충격을 받았다고 한다. 동네 중학교에서는 순정 만화를 읽으면 바보 취급을 받았는데, 거기서는 공부와 운동을 잘하는 학생도 자연스럽게 순정 만화를 읽고 있었다. 일본 만화 문화의 수준은 세계적으로 인정받고 있으며, 만화의 장르와 상관없이 매력적인 작품을 만날 수 있다. 성적이 우수한 학교는 문화적 허용도와 자유도가 높아서 순정 만화에 대한 편견이 별로 없는 것일지도 모른다.

그렇다고 학업 능력이 뛰어난 학교에만 문화적 소양이 있다거나 학력이 낮은 학생이 모인 학교는 엄격한 교칙으로 학생들을 통제해야 한다는 것은 아니다.

원래 머리카락이 밝은 갈색인데 강제로 검게 물들이기를 강요하거나 속옷 색깔을 확인하는 교칙에 무슨 의미가 있는지도 의문스럽다. 혹여 머리를 노랗게 물들이거나 화려한 속옷을 입은 학생의 행동거지와 성적이 좋지 않다고 해도 염색한 머리와 속옷은 성적의 직접적인 원인이 아니다. 이것은 상관관계를 인과관계로 착각하는 흔한 사례다.

앞에서도 말했듯이 카오스 지표, 즉 차분하고 질서 있는 생활을 하는 것과 학업 성적 간에는 어느 정도 상관관계가 있다. 아침에 일어나 제시간에 학교에 도착해 주변 정리를 하도록 지도하는 가정의 아이는 대체로 다른 것에 대해서도 질서 정연한 생활 습관이 잡혀 있다. 차분하고 질서 정연한 학습 환경을 만들기 위해 학생들이 수용할 수 있는 방식으로 교사들이 그들의 역량과 노하우를 보여 주면서 가르치는 곳도 있을 것이다.

문화적 허용도는 확실히 지능과 상관이 있지만, 자신이 좋아하고 편안함을 느끼는 문화가 그 학교에 없다고 해서 포기해야 하는 것은 아니다. 모든 것을 학교에 요구할 필요는 없다.

좋은 학교는 인기가 많으므로 가고 싶다고 해서 모두 들어갈 수는 없다. 원하던 학교에 합격하지 못해 앞날이 어둡다고 생각하는 사람도 있을 수 있다. 그렇지만 그 학교에 들어가지 못했다고 해서 '인생이 끝난 것'은 아니다. 사회가 그 모든 것을 학교에 다 맡기는 것에도, 학교가 스스로 맡으려 하는 것도 무리가 있다. 학생에게 환경이란 학교뿐만이 아니다. 인간이 사는 사회는, 즉 세상은 학교보다 훨씬 광대하다. 학교라는 환경만 유전적 소인과 상호 작용하는 것은 아니다.

학교 외에도 인터넷이나 TV 등의 미디어로 다양한 환경에 접근할 수 있게 되었다. 예전에 볼 수 없었던 다양한 동영상이 유튜브에 무료로 올라와 있어 마음만 먹으면 학교에서 제공하는 것보다 훨씬 상세한 지식을 얻을 수 있다. 교육에 관심이 있는 기업이나 행정 기관에서도 다양한 학습 기회를 제공한다. 그중에는 무료 프로그램도 있으니 지자체의 홍보와 신문 광고를 잘 살펴보자. 그것이 현실 세계로 이어지는 계기가 될 수도 있다.

재능을 키울 기회는 학교 밖에서도 많이 존재하니 부모가 너무 걱정할 필요가 없다. 그렇다면 부모는 무엇을 해야 할까? 자녀가 가상 환경에서 범죄나 약물 남용, 사기, 불건전한 데이트 사이트 등에 접속하도록 권유받는 일은 없는지, 영리한 아이가 스스로 그런 일에 가담하고 있지는 않은지 잘 지켜봐야 한다.

부모는 아이가 좋은 학교에 들어가면 좋은 회사에도 입사하리라 기대한다. 이런 기대는 유전자를 물려받은 아이의 생존과 번식 확률을 더 높이려는 생물학적 욕구에 뿌리를 두고 있다. 한마디로 당연한 마음이다. 문제는 이런 마음에 부모의 욕심이 스며들기 쉽다는 것이다.

가장 좋은 태도는 자녀 본인의 유전적 소인에 편안한 환경을 만들어 학습 기회를 늘려 주는 것이다. 그럼 마음이 맞는 친구를 사귀기도 쉽고, 어른이 되어서도 학창 시절을 좋은 추억으로 간직할 것이다. 이렇게 약간의 여유를 가지고 입시를 준비하는 것이 부모와 자녀 모두에게 더 유익할 것이다.

학교는 사회의 축소판이 아니다

학교생활에 적응하지 못하는 사람들이 꽤 있다. 나도 중학생 때 동아리 활동을 잘하지 못했다. 동아리 활동이 필수라서 어쩔 수 없이 농구부에 들어갔지만 전혀 재능이 없었다. 40명의 부원 중 나는 누가 봐도 40등이었다. 결국 중학교 3년 동안 한 번도 경기에 출전하지 못했다. 그렇다고 연습을 소홀히 한 것은 아니다. 동아리의 다른 누구보다 아침 일찍 체육관에 가서 연습했고, 집에서 개인 연습도 했다. 3년간 죽을힘을 다했지만 드리블도 못했고 슛도 들어가지 않았다. 아무리 돌이켜 봐도 중학교 동아리 활동에서 얻은 긍정적인 경험은 거의 없다.

대학교 시절의 합창부에서도 그리 좋은 추억은 없다. 피아노를 조금 칠 수 있어서 연습용 피아니스트로 간신히 자리를 만들었지만, 나는 노래를 못 불렀다. 기초적인 벨칸토 창법을 익히지 못해서 부원들과 잘 어울리지 못했다. 본격적으로 음악을 할 수 있는 환경이 따로 마련되지 않아 합창부를 계속하기는 했지만, 결론적으로 나와 맞지 않는 환경이었다.

'환경에 도무지 적응할 수 없는 상황'은 누구나 겪을 법한 일이다. 다행히 나에게는 마음을 둘 다른 곳이 있었다. 연구 비슷한 작업을 하는 것, 내 수준보다 어려운 책을 끙끙거리며 읽고 생각하는 것이었다. 그 덕분에 외로웠지만, 심리적으로 궁지에 몰리진 않았다. 자신과 도저히 맞지 않는 환경이라고 느낀다면 다른 곳을 찾아보자. 공상이든 사색의 세계든 상관없다. 거기에서 어떤 풍요로운 세계를 예감할 수만 있다면 다 좋다.

당연한 일이지만 사람들은 학교라는 환경이 맞지 않아도 좀처럼 벗어날 수 없다. 부모님과 선생님으로부터는 '학교는 사회의 축소판이다. 그렇게 해서는 사회에 나가서도 잘살 수 없다'고 핀잔받기도 한다. 하지만 사회는 사실 학교 따위보다 훨씬 넓으며 학교라는 곳에 축약해서 집어넣을 수도 없다. 학교는 '진품', 즉 진짜 사회가 아니기 때문이다.

진짜 사회란 어떤 것일까? 이야기를 단순화하기 위해 작은 어촌을 생각해 보자. 물고기를 잡는 어부 외에도 운송, 시장 거래, 수산물 가공과 판매에 종사하는 사람들이 있다. 그런 사람들을 고객으로 한 음식점도 있고 그 밖의 다른 장사를 하는 사람도 있을 것이다. 대대로 그곳에서 살아온 사람도, 다른 곳에서 이사 온 사람도 있다.

사람들 사이에서 사업, 이웃 관계, 사랑과 결혼 같은 일이 일어난다. 진짜 사회에서는 자연히 발생하는 역할이 있고 살기 위한 현실적인 과제가 발생한다. '어획량이 평년보다 줄었는데 어떻게 할까?', '배가 망가져 수리해야 하네?', '어부인 아버지는 이제 나이가 드셔서 은퇴해야 하는데 누가 뒷바라지를 해야 할까?', '기념품 가게가 잘되고 있으니 2호점을 열자' 등등.

반면 학교는 어떨까? 학교는 학습을 위해 교육자가 의도적, 계획적, 조직적, 인위적으로 만든 환경이다. 공립 초·중학교의 경우, 우연히 그 지역에 사는 또래 아이들에게 공통의 교육 과정을 제공한다. 학급 내 역할이나 동아리 활동도 대부분 자연 발생적인 것이 아니라 학교에서 인위적으로 준비한 것이다. 다양한 위원회와 직원들이 있지만 그들은 실제로 일어난 문제를 해결하기 위해 모인 것이 아니며, 1년이 지나면 자동으로 바뀐다. 한마디로 학교는 '모조' 사회다.

이러한 인위적인 환경에서 얼마나 잘 적응하는지로 진짜 사회에서 잘해 나갈 수 있을지 판단한다는 것은 다소 억지가 아닐까? 그런데도 교사와 학생들은 학교가 진짜 사회의 축소판이라는 착각에 빠져 있다.

교육의 바람직한 형태는 무엇일까?

학교 교육을 개선하기 위한 노력의 일환으로, 최근 교육 분야에서 액티브 러닝이 주목받고 있다. 그룹 토론과 활동으로 스스로 과제 해결 능력을 기르자는 것인데, 과연 이것도 '진짜' 활동이라고 할 수 있을까? 진짜 사회에서의 과제는 개개인에게 절실하고 현실적이다. 그 과제를 해결하지 않으면 큰 피해를 볼 수도 있고, 너무 하고 싶어서 몸이 근질근질할 수도 있을 것이다.

학교에서 하는 모든 활동이 인위적이고 가짜라고 말할 생각은 없다. 어떤 교사는 학생들이 현실적인 도전을 할 수 있게끔 유도하고 그 점에 집중할 수 있도록 해서 큰 성과를 거두기도 한다. 어쩌면 그 지역의 실질적인 이슈를 조사하고 지역 단체장에게 정책을 제안할 수도 있을 것이다. 행동유전학적인 관점에서 보면 그런 유전적 소인을 갖춘 교사라면 그렇게 할 수도 있다. 어쨌든 교수법이 다양해지는 것은 나쁜 일이 아니다. 그로 인해 지금까지 잘 지내지 못해 힘들어하던 교사와 학생에게 새로운 만남이 가능해질 기회가 늘어나기 때문이다.

교육 심리학의 원칙에서 바라보면 어떤 교수법도 만능이 아니다. 기본적으로 학교라는 인위적인 환경에서, 인위적인 과제 공간 안에서 일어나는 일들이기 때문이다. 모든 국민이 이 인위적 학습 공간을 반드시 통과해야만 사회에 나갈 수 있는 시스템이 구축되었기 때문에, 곤란하게도 사람들은 학교 자체가 사회의 '현실'이라는 착각에 빠져 있다. 그것이 바로 학력 사회다. 높은 학력이 그 사람 개인의 유능함을 나타내는 것으로 여겨지며, 사회에서 유리한 위치에 서고 차별이 정당화되기 쉬워지고 있다.

원래 학교는 사회를 만드는 모든 지식을 공유하고 사람들의 유전적 차이가 사회에 필요한 다양한 역할 속에서 각기 발휘될 수 있도록 학습할 기회를 만드는 공간이었다. 그런데 요즘은 그런 학교들이 오히려 격차를 가시화하고 확대하는 역할을 하게 되었다. 유전적 차이를 인정하는 것이 차별이라면서 애써 무시하려다가 오히려 차별이 정당화되었다니 아이러니한 일이다.

학교 시스템에 대한 비판은 이쯤에서 그만하겠다. 칼이 사람을 해친다고 칼을 비난하는 것은 앞뒤가 맞지 않는다. 비판해야 할 것은 도구 자체가 아니라 도구를 사용하는 방식이다. 그 도구를 잘 쓰는 사람은 잘 쓴다. 그 도구를 잘 다루지 못하는 사람은 다른 도구를 찾으면 된다.

가르치는 사람의 자질이 얼마나 큰 차이를 부를까?

교사도 인간이니 유전적인 개성의 차이가 있다. 특정 학생을 편애할 수도 있고 눈엣가시로 여길 수도 있다. 그래서 눈엣가시인 학생이 호소하는 문제는 제대로 들어주지도 않을 수 있다. 수업 준비를 전혀 하지 않는 수준을 뛰어넘어 기본적인 지식이 있는지도 의심스럽고 수업 시간에는 교과서만 읽게 하는, 이해하기 힘든 교사들도 가끔 있다.

당연히 모든 교사가 이렇지는 않다. 교사를 해서는 안 되는 사람과 달리 수업을 아주 잘 가르치고 학생들의 사랑을 한 몸에 받는 교사도 있다. 후자가 담당 교사가 되면 행운이지만, 대개는 별로 좋지도 나쁘지도 않은 평범한 교사일 것이다. 과학적인 근

거는 없지만, 아주 나쁜 교사가 10퍼센트, 아주 좋은 교사가 10
퍼센트, 일반적인 교사가 80퍼센트 정도가 아닐까?

초·중·고등학교 12년 동안 담임은 매년 바뀌기 때문에 12년 동
안 '아주 나쁜' 교사가 계속 담임이 될 확률은 0.1¹²로 무려 1조
분의 1이다. 3년에 한 번 바뀐다고 해도 0.1⁴로 1만 분의 1이다.
참고로 12년간 계속 보통 교사가 담임이 될 확률은 0.8¹²로 겨
우 0.07, 3년에 한 번이라고 해도 0.8⁴로 0.4, 절반 이하다. 즉,
12년 동안 아주 좋은 교사를 만날 가능성이 매우 크다.

보통 교사를 만난 학생은 '더 좋은 선생님을 만났더라면 내 성
적이 오르지 않았을까?'라고 생각할 수 있다. 확실히 같은 내용
이더라도 잘 가르치는 교사와 서투른 교사에 따라 반 평균 점수
가 달라진다. 서투른 교사가 가르치는 반 학생들은 불공평하다
고 생각할 수도 있다. 그렇다면 교사의 결점은 학생의 능력에
얼마나 영향을 미칠까? 어떤 학생이 굉장히 좋은 교사만 계속
만난다면 그 학생의 능력이 최상위 수준에 도달할 수 있을까?

앞서 말했듯이 학교 간의 차이는 학생들의 학업 능력에 큰 영
향을 미치지 않는다. 그것은 교사들의 차이에도 동일하게 적용
된다. 행동유전학 연구에서도 교사와 학교 같은 환경이 일시적
으로 학생의 능력에 영향을 미친다는 것을 보여 주었지만, 그 영
향력은 크지 않다. 가장 확실한 것은 유전적 소인이 같은 일란

성 쌍둥이가 지도력이 다른 교사를 만났을 때 얼마나 성적 차이가 나느냐인데, 바로 이 점이 비공유 환경의 영향이다.

이미 소개한 바와 같이 비공유 환경이 학업 성적에 미치는 영향은 기껏해야 20퍼센트 미만이다. 유전 50퍼센트, 공유 환경 30퍼센트와 비교하면 낮은 편이다. 게다가 이 비공유 환경에는 교사들뿐만 아니라 교우 관계의 차이와 시험 자체의 오차도 포함된다. 이 점을 감안하면 교사의 영향은 훨씬 더 적어질 것이다. 학교를 졸업하면 얼마 지나지 않아 교사와 학교의 영향력은 사라진다. 결국 학생의 재능 안에서 능력이 발현되는 것이다.

교사가 대충 가르쳐도 상관없다는 것은 아니다. 이 결과는 학교 교육이 제대로 기능하고 있다는 증거이기 때문이다. 학교가 제대로 학습을 지원하기 때문에 교사가 가르치는 방식이나 학교 시설에 차이가 있어도 유전과 가정 환경의 차이와 비교하면 상대적으로 차이가 보이지 않는다(다만 지역 차이는 있다. 이것은 가정 환경과 마찬가지로 공유 환경에 포함된다).

이런 맥락에서 나는 어떤 방식으로 가르치든 교사가 가르치고 싶은 것을 표현할 수 있다면, 혹은 그렇게 하려는 모습만이라도 보여 줄 수 있다면 그것으로 충분하다고 생각한다.

교사의 자질에도 유전적인 개인차가 있으므로 사람마다 잘하는 분야와 교수법이 다르다. 교사는 자기 유전적 소인이 만들어 내는 내적 감각에 이끌려 자기가 볼 때 더 낫다고 느끼는 교수법을 계속 모색할 것이다. 거기에 남다른 성실함이 있다면 가르치는 방식의 차이는 학생들에게 큰 차이를 만들지 않을 것이다.

물론 교사의 수업 진행 능력이라는 것은 분명히 존재한다. 이것은 최소한 가르친 직후에 학생들의 성적에 뚜렷하게 반영된다. 그러나 시간이 지남에 따라 그 차이는 학생의 유전적 성향과 가정 학습 환경 차이에 밀려 나간다. 학생에게 남는 것은 그 교사로부터 배운 지식의 차이가 아니라 '좋은 선생님이었다, 또는 싫은 선생님이었다'라는 추억뿐이다. 아니, 그마저도 거의 잊힐 것이다. 그래도 괜찮다. 어쨌든 학교 교육에서 그들에게 배울 기회를 제대로 제공한다는 것이 가장 중요하니 말이다.

관료화된 교육계에서는 그 시대에 주류를 이루는 교수법이 요구된다. 이런 교육법은 달이 차고 기울 듯이 계속 바뀐다. 교사는 자신의 유전적 개성을 죽여서라도 그 추세를 따라가야 하는 듯하다. 예를 들어 지금은 액티브 러닝과 'GIGA 스쿨 구상*'이 트렌드이다. 학생들은 태블릿을 사용하면서 모두 함께 대화해야 한다. 결과적으로 학교 교사는 점점 더 바빠졌고 직원에게 부당한 업무를 강요하는 악덕 기업 수준으로 시달린 나머지 교사 수도 줄어들고 있다. 매우 걱정스러운 상황이다.

* 일본 정부는 2019년부터 약 4조 원 예산을 투자해 GIGA 스쿨이라는 교육 정보화 사업을 추진 중이다. 전국 초·중학교 모든 학생에게 전자 교과서가 내장된 태블릿 단말기를 제공하고 교실에 전자칠판과 함께 관련 콘텐츠 관리 소프트웨어(SW) 등을 도입하는 사업이다.

액티브 러닝과 태블릿을 이용한 교수법을 더 잘할 수 있는 교사만 그 사용법을 숙지하기 위해 노력하고, 다른 방법이 더 적합하다고 여기는 교사는 자신이 잘하는 방법을 모색하면 되지 않을까? 중요한 것은 교사 자신이 가르치고 싶은 것을, 가르치고 싶은 스타일로 생생하게 가르치는 것이다. 그럼으로써 이 세상을 지탱하는 선인들이 전해 준 멋진 지식을 학생들이 배울 기회를 만들어 주는 것이다.

그러려면 교사와 학생이 서로 잘 맞는지도 중요할 것이다. 교사가 가르치는 방식이 맞지 않는 학생이나 학생이 배우고 싶은 방식으로 가르쳐 주지 않는 교사도 있기 마련이다. 그것은 우연이 자아내는 일이며 일종의 '뽑기'라고 할 수 있다. 행동유전학에서 유전과 환경의 상호 작용이라고 부르는 현상이다.

내가 좋아하는 〈불량소녀, 너를 응원해!〉라는 영화를 보면 교사와 학생 사이의 시너지 효과를 볼 수 있다. 원작은 츠보타 노부타카의 논픽션 원작 《비리 걸》이다. 일본에서 '비리(びり)'는 '꼴찌'를 뜻한다. 공부를 전혀 하지 않아서 늘 꼴찌인 주인공이 한 선생님이 운영하는 학원에 다니며 공부에 눈을 뜨고 명문 대학교에 합격한다는 이야기다. 실제로 종종 일어나며 행동유전학의 연구 결과와도 부합하는 일이다. 영화의 주인공은 비록 성적은 꼴찌지만 꾸준히 학원에 다녔다. 그 학원에 다닌 학생들이 모

두 명문 대학교에 들어간 것은 아니었다. 학원 교사가 가르치는 방식과 주인공의 유전적 소인이 맞아떨어져 적절한 시점에 실력을 키울 수 있었던 것이리라. 일본의 사립 대학교 문과 계열은 응시 과목 수가 적은 편이므로 단기에 집중해서 공략하기 쉽다는 측면도 있을 것이다. 이것이 유전과 환경의 상호 작용이다.

능력의 발현은 학교 지능에 한정된 것이 아니다. 우연히 읽은 순정 만화에 감동받고 만화가를 꿈꾸게 된 사람도 있을 것이고, 식당에서 먹은 조림 반찬에 감동해서 요리사가 되기로 마음먹은 사람도 있을 것이다. 능력의 발현을 학교와 교사에게만 기대하지 말자. 적어도 유전적 소인을 가진 학생이 교사 뽑기 운이 나빠서 능력을 꽃피우지 못할까 봐 너무 걱정할 필요는 없다.

다만 2장에서 나온 하든의 연구에 따르면, 같은 다유전자 점수를 가진 학생들도 일단 아래로 떨어지면 다시 올라가지 못하는 일이 있다. 하든의 연구 대상인 사람은 수학 과목 이수였지만, 수학뿐만 아니라 학교 교육에서는 사회적으로 정해진 '코스'가 존재한다. 즉, C라는 교육을 받으려면 그 전 단계인 B를 배워야 한다. B를 하려면 그 앞에 있는 A를 배워야 한다. 원래는 C를 할 수 있는 능력이 있지만 A나 B 단계에서 교사와 사이가 좋지 않아서 중도 포기하는 일이 적지 않다.

능력만 있으면 어떻게든 잘 풀린다는 보장은 없다. 그러므로 최소한 그 코스가 제도적으로 존재하는 한, 학교 교육에 소홀한 것은 바람직하지 않다.

'교사'와 '스승'은 다르다

꼭 학교 교사가 아니더라도 '스승'은 배우는 사람의 능력에 상당히 영향을 주지 않을까? 개인적인 경험에 미루어 볼 때, 그런 생각이 든다. 여기서 말하는 '스승'은 그 분야의 달인이자 일상 생활에도 개입하여 그 분야의 삶의 방식을 비롯한 모든 것을 개인적으로 차근차근 가르쳐 주는 그런 존재다. 가부키 같은 공연 예술이나 스모 등의 스포츠에서 흔히 볼 수 있는 형태인데, 그 밖의 분야에서도 일을 잘하는 상사나 선배 중에 '스승'이라고 볼 수 있는 사람들이 있다.

석화구이 가게 말고는 아무것도 없는 듯한, 후쿠오카 현의 어느 외딴 마을에 머무른 적이 있었다. 그때 규슈에서만 활동하는 대중 연극 공연이 동네에서 열렸다. 클래식 음악 같은 고상한 예술에만 관심 있던 내게는 전혀 관심이 없는 장르였지만, 딱히 재미있는 일도 없는 곳이니 아무 기대감 없이 어디 얼마나 잘하는지 한번 보자는 마음으로 갔다(내가 생각해도 재수 없는 모습이다). 그리고 깜짝 놀랐다. 멋진 춤에 영혼을 도려내는 듯한 충격을 받은 내 눈에서는 감동의 눈물이 멈추지 않았다.

단장의 춤은 세세한 부분까지 한 치의 틈도 없이 매 순간 아름다운 형상으로 유려하게 이어졌다. 지금까지 하찮다고 단정하던 대중가요의 가사에 가수의 감성이 고도의 예술성을 담아 표현되었다. 나는 그 모습에서 뛰어난 재능을 느꼈다. 스무 살이 될까 말까 한 아이들의 춤도 정말 훌륭했다. 이런 대중 연극 극단 단원들은 매달 지방을 전전하며 공연하고 아이들도 그때마다 전학 가야 한다. 아이들은 말 그대로 아기 때부터 무대에 서고 극단의 연장자와 공연 예술의 스승에게 어릴 때부터 춤과 연극을 배운다. 이것이 그들이 사는 방식이다. 그렇게 몸에 스며든 재주가 연일 바뀌는 춤과 연극 속에서 자연스럽게 드러난다. 이것은 학교 교육에서는 있을 수 없는 일이다.

현대 사회에서는 직업 선택의 자유가 보장된다. 아이들은 학교에 가서 배우고 (적어도 표면적으로는) 자기 능력이나 적성에 따라 직업을 선택한다. 반대로 말하면, 자신이 앞으로 어떤 직업을 택할 것인지, 어떻게 살아갈 것인지와 상관없이 국가가 정한 교육 과정에서 정해진 모든 것을 일률적으로 배우고 의무교육이나 학교 교육을 마친 뒤에야 삶의 방식, 즉 직업을 결정하게 된다. 나쁘게 말하면 서민들의 교육은 매우 관료적인 시스템에 갇혀 있다.

옛날에는 직업 선택의 자유가 없었다. 농가에서 태어나면 농부가 되고 아버지가 목수라면 자식도 목수로 일해야 했다. 군인의 집에서 태어나도 마찬가지다. 싫어도 대를 이어야 했다. 아이들은 어릴 때부터 주변의 어른들을 보면서 일과 삶을 사는 법을 배웠다.

학교를 없애고 도제 제도로 전환하자고 주장하는 것은 아니다. 모든 세상이 공연 예술 같지는 않으니까. 날 때부터 정해진 직업밖에 가질 수 없다면 힘든 일도 많을 것이다. 아무것도 모르는 어린 나이부터 어깨너머로 일을 배우고 그 일을 중심에 둔 삶을 영위하는 것은, 현대인이 보기에는 전근대적이고 학대에 가까운 미성년자 노동이자 셰뇌일 것이다. 하지만 그 세계가 진정으로 풍요롭다면 그런 환경에서 자라남으로써 모두 그 분야의 전문가가 될 만큼 뛰어난 능력을 키울 수 있지 않을까 생각한다.

운명을 뛰어넘는 힘

인간관계는 공부로 배우는 것이 아니다

우리는 본능적으로 비슷한 사람을 찾는다

인간의 능력과 개인의 차이는 대체로 50퍼센트가 유전, 나머지 50퍼센트가 환경의 영향을 받는다고 했다. 그렇다면 교우 관계라는 환경을 바꿔서 아이의 능력, 예를 들어 학력이나 지능에 영향을 줄 수 있을까? 가정 밖의 교우 관계라도 반드시 유전적 요인과 환경적 요인이 관련되어 있으므로 둘을 완전히 분리할 수는 없다.

쌍둥이 연구에서는 일란성 쌍둥이와 이란성 쌍둥이의 행동을 비교해 유전율을 조사하는데, 능동적으로 친구를 고를 수 있는 상황에서는 일란성 쌍둥이가 자신과 비슷한 아이를 친구로 선택하는 경향이 강해진다. 대체로 자신과 같은 형질을 가진 사람끼리 집단을 형성하려고 하는 것이다. 기본적으로 인간은 지능 수준이 비슷한 사람들과 상호 작용하는 것을 선호한다. 그래서 유전과 환경이 교우 관계에 미치는 영향을 살펴보면 유전율을 계산할 수 있다.

유전율이 유전적 염기 서열 차이에 의한 영향을 말한다고 생각할 수도 있지만, 자기 유전적 소인에 따라 환경을 선택하고 능력이 그 환경의 영향을 받는다면 그것도 유전율에 통합되어 산출된다. 같은 환경에 놓여 있더라도 각각의 유전적 소인에 따라 선택하는 것이다.

만약 학교에서 교우 관계에 강한 스트레스를 받는다면 부모나 교사의 개입이 필요하다. 문제 행동을 하는 사람들의 통제하에 있으면서 괴롭힘을 당한다면, 그런 사람과 마주치지 않도록 다른 집단으로 옮기는 등의 조치를 해야 하며, 그렇게 해서 상황이 개선되는 경우도 많다. 그렇지만 특정 그룹에 속해도 그 안에서 누구와 친구가 되는지는 여전히 자기 유전적 소인에 영향을 받는다.

의사소통 능력은
'이것'에 달렸다

'앞으로는 학교 성적 따위보다 의사소통 능력이 중요해진다'라는 말을 종종 듣는다. 의사소통 능력이 무엇인지 정확한 정의가 있는 것은 아니겠지만 사람들은 일반적으로 붙임성이나 공감 능력을 떠올릴 것이다. 이상한 말을 하는 상대에게 발끈하지 않고 대응하는 자제력도 해당할 수 있다.

의사소통 능력을 단순히 지능이 높은 것이 아니라 사회에 적응하기 위한 개인적 특성이자 비인지 능력으로 꼽으며 중시하는 풍조도 있다. 지능이나 학업 능력 등 인지 능력보다 비인지 능력이 훨씬 중요하다는 이야기다.

나는 인지 능력과 비인지 능력을 구분하는 것은 의미가 없다고 생각한다. 비인지 능력으로는 성실성, 해내는 힘(GRIT), 자기 통제력, 호기심, 낙관성, 시간관념, 감정 지능, 감정 조정, 공감, 자존감, 자신에 대한 배려, 마음 챙김(Mindfulness), 회복력 등 다양한 심리학적 개념을 들 수 있다.

원래 비인지 능력이란 앞에서 이야기한 페리 유치원 연구의 헤크먼이 사용한 말이기도 하고, 심리학의 학술적 용어가 아니라 전통적인 심리학에서 말해 온 '인지 능력(지능과 학업 능력)이 아닌 것'이라고 밖에 할 수 없는 모호한 것들을 가리킨다. 말꼬리를 잡는 것 같지만, 이것들은 모두 스스로 인지하고 통제할 수 있는 기능이기 때문에 아무리 '비(非)'인지 능력이라고 해도 인지 능력의 일종에 불과하다.

지능 등의 인지 능력은 유전의 영향을 강하게 받지만 비인지 능력은 유전보다 환경으로 결정되고 잘 키우면 달라진다는 주장도 있는데, 행동유전학은 이를 부인한다.

해내는 힘의 유전율은 37퍼센트로 다른 성격 요인의 유전율 같은 정도로 공유 환경의 영향이 없고 학력과의 상관관계도 극히 미미한데, 그런 상관관계를 낳은 것은 유전이었다. 쌍둥이 840쌍을 대상으로 비인지 능력 향상 훈련을 시켰는데 마음가짐이 변한다고 정말로 해내는 힘이 향상된 것은 아니었다. 마음가짐의 변화조차도 비공유 환경의 영향으로 설명되며 그에 대한 유전율은 오히려 증가했다고 한다.

인지 능력과 이른바 비인지 능력의 차이는 유전의 유무가 아니라 공유 환경의 유무다. 지능이나 학업 능력 등 지식과 기술로 학습할 수 있다면 그것이 주어지는 공유 환경, 즉 가정 환경에 따라 어느 정도 달라질 것이다. 하지만 비인지 능력으로 꼽히는 것에는 공유 환경의 영향이 없고 유전과 비공유 환경으로만 설명된다. 요컨대 그것은 학습성이 있는 능력이 아니다. 애초에 능력이 아니라 성격의 일종인 것이다.

학습성이 있는 능력 vs.
학습성이 없는 능력

나는 능력을 학습성이 있는 '능력'과 학습성이 없는 특성을 지닌 '비(非)능력'으로 구별하기도 했다. 여기서 말하는 능력은 지식이나 기술에 뒷받침되는 것을 말한다. 반면 비능력은 지식이나 기술 훈련으로 변화시킬 수 없다. 외향성/내향성, 낙관적/비관적, 협조성, 새로운 것에 대한 경험 추구 같은 성격은 비능력에 속하며 자기 통제력 또한 비능력이다.

지능과 학업 성적 측면에는 공유 환경이 영향을 미친다. 지식을 쌓고 연습할 수 있는 환경이 조성되어 있다면 이런 능력을 어느 정도 향상시킬 수도 있다. 그러나 개인적 성격이나 자기 통제력 측면에서는 유전과 비공유 환경만 영향을 미친다. 공유 환경의 영향을 받지 않는 셈이다. 이것은 공부로 배울 수 있는 것이 아니다. 상황에 따라 표현 방식을 바꾸면서 적응하는 것일 뿐이다.

이런 형질의 유전율도 30~50퍼센트 정도이므로 그 형질들이 어떻게 발현되는지 정해진 것은 아니지만, 비능력의 발현 방식은 비공유 환경에 달려 있다. 요컨대 우연이라는 요소가 강하다는 뜻이다. 소통 능력의 대부분이 외향성, 협조성, 공감 같은 개인적인 성향이라면 그것은 비능력이다. 상황에 따라 어느 정도 달라지기는 해도 훈련을 통해 의도적으로 의사소통력이 높은 인간으로 바뀔 수는 없다.

소통 능력이 높은 사람은 훈련으로 그렇게 된 것이 아니다. 다만 상대방의 말을 이해하는 것도 의사소통 능력에 포함시킨다면, 그 능력은 학습을 통해 향상될 수 있다. 상대방의 상황을 알아야만 적절한 의사소통을 할 수 있다면, 상대방의 상황을 파악함으로써 의사소통 능력을 높일 수도 있다.

의사소통 능력이 떨어지는 사람은 어떻게 하면 좋을까? 반드시 소통해야 하는 상황을 위해 행동 수칙을 정하는 것이 한 방법일 수 있다. 만약 외향적이거나 붙임성 있게 행동하는 것이 좋은 상황에 직면한다면, 자신이 할 수 있는 범위에서 외향적이고 붙임성 있게 행동하자. 입꼬리를 조금 올리고 미소 짓거나 목소리 톤을 조금 높여 밝은 분위기를 연출한다.

원래 비인지 능력도 인지 능력에 들어가므로 이 정도는 의식적, 인지적으로 조절할 수 있을 것이다. 본질적으로 외향성이나 협조성을 향상시키기는 어렵지만 마치 향상된 것처럼 연기할 수는 있다.

행동유전학자는 '반(反)환경절대론자'이다. 즉, 환경이 변한다고 무조건 인간이 자신에게 유리하게 변화할 것으로 생각하지 않는다. 자신이 의식하거나 하지 않거나 상관없이 인간의 유전적 소인은 끊임없이 발현된다. 환경에 따라 발현되는 방식이 다를 뿐이지 근본적인 설정 값은 바뀌지 않는다. 특히 비능력인 성격을 바꾸려는 것은 노력한 만큼 효과가 나타나지 않는 행동이다. '너는 의사소통 능력이 부족해!'라는 말을 듣고 스트레스를 많이 받는다면 입꼬리를 올리는 등의 연습으로 그 상황을 넘기자. 그리고 그런 요구가 없는 곳을 찾는 데 자기 자원을 쏟으면 된다.

지능에 대한
그 생각은
편견이다

우리는 점점
똑똑해지고 있다?

최근에는 반항기가 희박해지고 있다는 연구 결과도 나왔지만, 부모와 자녀가 부딪치는 것은 특별한 일이 아니다. 유전은 부모와 자식을 닮게 하는 동시에 다르게 만드는 작용도 한다. 특히 성격은 비상가적 유전 경향도 나타나므로 부모와 자식은 달라야 마땅하다. 자녀가 부모를 바보 같다고 생각하거나 자신을 이해해 주지 않는다며 반발하는 것도 자주 있는 일이다. 이와 관련된 좀 흥미로운 연구 결과가 있다. 바로 플린 효과(Flynn-effect)라는 현상이다.

뉴질랜드 오타고 대학교 제임스 플린(James Flynn) 교수는 1984년 발표한 자신의 논문에서 IQ는 1년에 0.3퍼센트포인트, 10년마다 3퍼센트포인트 상승한다고 밝혔다. 그 후 다양한 연구자가 이 현상을 연구하고 있으며, 지난 100년 가까이 IQ 지수는 계속 증가 추세를 보인다.

'IQ가 어떻게 증가한다는 거야?' 의아한 사람도 있을 것이다. IQ는 원래 평균을 100으로 한 상대적인 값이다. 그런데 점수가 올라가다니? 이상하다고 생각할 것이다. 당연히 나도 처음에는 그렇게 생각했다.

IQ를 산출하는 지능 검사는 특정한 메커니즘을 갖고 있다. 지능 검사는 수시로 업데이트되지만 모든 문제를 교체하는 것이 아니라 이전 버전과 공통되는 문제도 나온다. 그런 문제들을 단서로 통계 처리하면 새로운 지능 검사 점수가 이전 버전의 몇 점에 해당하는지 알 수 있다.

플린의 주장이 맞는다면, 지금의 지능 검사에서 IQ 100으로 판정된 사람이 30년 전에 지능 검사를 받았다면 IQ는 110 정도로 나왔을 것이다. IQ 점수가 10점이나 다르다니 이건 아예 다른 사람이 아닌가? 아무리 그래도 그렇게까지 차이가 날 리가 없다고 생각했다. 하지만 관련 문헌을 들여다보면서 플린 효과가 실제로 일어나고 있음을 인정할 수밖에 없었다. 왜 이런 일이 일어날까? 인간은 지난 세기 동안 계속 진화한 것일까?

거인들이 돌아다니는
유토피아

생물학적 진화의 관점에서 보면, 100여 년 동안 유전자가 전 세계적으로 그렇게 크게 변이를 일으키진 않았을 것이다. 그러므로 환경이 변화했다고 생각하는 것이 더 자연스럽다. 예를 들어 중력에 대해 생각해 보자. 지구 대부분의 장소에서 중력은 1G(지)이고 약 $9.81m/s^2$이다. 어떤 공상 과학적인 현상으로 중력이 매년 조금씩 증가했다고 가정하자. 중력이 점차 강해지면 우리는 매일 강제로 약간의 웨이트 트레이닝을 하는 상태가 된다. 원래 근육질인 사람도, 그렇지 않은 사람도 조금씩 단련될 것이다(중력이 너무 강해지면 인간의 육체는 견딜 수 없을 테지만 말이다).

수십 년 후 중력 이상이 갑자기 진정되어 1G로 돌아왔다. 그러면 사람들은 대부분 '몸이 정말 가벼워졌는데?'라고 느낄 것이다. 처음부터 1G에서 살았던 사람에 비해 더 빨리 달릴 수 있고 무거운 물건도 번쩍 들 수 있다. 근력이 많이 늘지 않았어도 1G에서 계속 살았던 사람에 비하면 체력이 많이 늘었다고 느낄 것이다. 지능에도 같은 일이 일어난 것이다.

지능 지수 중에서도 현저하게 증가한 것은 추상적 추론에 관한 항목이었다. 이것은 자신이 실제로 경험하지 않은 문제를 해결하는 능력을 측정한다. 내가 100년 전 사람이라고 생각하면서 지금의 세상을 살펴보자. 아마도 놀라운 일이 가득할 것이다. 현대인이 일상적으로 하는 일이 100년 전에는 극히 소수 지식층의 전유물이었다. 우리는 일할 때 당연한 듯이 작업 지시서와 매뉴얼을 읽지만, 100년 전에 이런 문서를 제대로 읽고 그 내용을 이해하는 사람이 얼마나 있었을까?

우리는 매일 대량의 정보를 입력하고 추상적인 사고를 한다. 방대한 양의 뉴스를 받아들이고 책, 만화, 영화 등의 콘텐츠를 즐기며 스마트폰을 이용해 SNS로 소통한다. 직장에서는 컴퓨터로 업무하고 틈날 때 슬쩍 가전제품의 가격을 비교하며 주문하기도 한다. 우리가 아무 어려움 없이 하는 이런 행동들은 사실 믿을 수 없을 정도로 추상적인 추론을 거쳐야 한다.

앞에서 중력 이상이 일어난 세상과 근력의 예를 들었는데, 추상적 추론 능력은 이것과 크게 다른 점이 있다. 중력 이상은 지구에서 사는 사람들 모두에게 대체로 동일하게 영향을 미쳤다 (근력이 극도로 약한 사람은 크게 손상을 입을 것이고 근육질의 소유자는 근력이 현저히 늘었겠지만). 한편 사회가 정보화함에 따른 영향은 사람마다 전혀 다르다.

추상적 추론 능력의 유전적 소인이 별로 없는 사람이라도 업무 교육을 받아 읽고 쓰기를 습득하면 살아가기 위한 최소한의 기술을 익힐 수 있다. 그러나 유전적으로 추상적 추론 능력이 높은 사람은 그 정도에서 머무르지 않는다. 예전에는 무언가 조사하려면 서점이나 도서관에 가서 자료를 찾거나 실제로 그에 대해 잘 아는 사람을 수소문해서 직접 만나러 가야 했다. 지식을 수집하려면 시간과 물리적으로 큰 제약을 받아야 했다. 지금은 스마트폰이나 컴퓨터로 실로 간단히 정보를 모을 수 있다.

지구 온난화부터 최신 과학 기술, 경제 상황, 만화책 주제, 극히 비주류 분야인 잡지식에 이르기까지, 수많은 정보를 받아들이고 SNS에서 다양한 사람의 의견을 수렴하고 그것들을 뇌에서 연결하여 복잡한 추상적 추론을 할 수 있다.

아이작 뉴턴(Isaac Newton)은 선인의 지식을 바탕으로 새로운 무언가를 발견하는 과정을 '거인의 어깨에 올라선다'고 표현했다. 지적 능력이 높은 사람에게 현대는 거인들이 돌아다니는 유토피아처럼 느껴질 것이다.

지적 능력의
빈부 격차가 생기는 이유

체중, 키, 운동 능력, 지능, 기타 여러 능력을 집단 수준에서 조사하고, 능력의 분포도를 그리면 대체로 종 모양 곡선, 즉 정규 분포를 이룬다.

정규 분포

인원 수

능력

빈부 격차가 극도로 큰 사회에서, 일부 부자들만 읽고 쓸 수 있다면 독해력 그래프는 깨끗한 정규 분포를 그리지 않는다. 대부분의 사람은 지식이 없는 곳에 모여 있고 일부 사람에게 지식이 집중되는 편향된 분포를 보일 것이다. 이 경우 독해력은 자산의 영향을 받는다.

일본에서 고대에서 중세까지는 원칙적으로 귀족과 무사 계급만 교양을 접할 기회를 얻었다. 그렇다면 자산 규모에 상관없이 누구나 학교에서 읽고 쓰기를 배울 수 있다면 독해력 그래프는 어떻게 될까? 그래프는 깔끔한 정규 분포를 그릴 것이다. 다시 말해 환경 측면의 압력이 낮아질수록 유전적 능력의 차이가 더욱 두드러지게 나타난다.

사실 교육은 모든 이의 능력을 평등하게 높여 주지 않는다. (그 교육 내용에 관해) 유전적 소인이 낮은 사람의 능력도 어느 정도는 향상되지만 유전적 소인이 높은 사람은 더욱 크게 향상된다. 정규 분포 그래프는 가로 방향으로 수평 이동하는 것이 아니라 수평 방향으로 늘린 형태가 될 것이다.

플린 효과에서도 아마 같은 일이 일어났을 것이다. 현대 사회에서 일어나는 여러 문제 이면에는 지적 능력 격차가 확대되는 현상이 나타날 수 있다. 지식 사회의 중력은 점점 증대하고 지적 능력이 높은 인간은 그 능력을 더욱 강화하고 그렇지 않은 인간은 중력에 찌부러진다. 이것은 무척 골치 아픈 문제다. 누구나 충분한 교육을 받고, 마음껏 정보를 얻을수록 능력의 차이가 한층 확대되기 때문이다.

여성이 수·과학을 못한다는 편견

여성은 이공계 분야를 잘하지 못한다는 인식이 있다. 이공계 학부에서도 여성의 비율이 낮은 경우가 꽤 있다. 그렇다면 여성은 이공계에 정말 적합하지 않은 것일까?

유럽과 미국 등의 연구에서 남녀 학생의 성적을 과목별로 조사한 결과를 보면 확실히 여성의 점수가 낮은 것으로 나타나지만, 그것은 아무래도 유전적 소인 때문이 아니라 사회적 편견 때문이 아닐까 한다.

작업 기억력이 비슷한 학생들을 대상으로 이과 과목의 점수가 남녀 사이에 어떻게 다른지 조사한 연구가 있다. 지능은 정보 처리 능력과 지식으로 구성된다고 설명했는데, 작업 기억은 정보 처리 능력에 해당한다. 이 연구의 중요한 점은 실험 전후에 편견을 제거한 것이다.

"여성은 이과 과목을 잘하지 못한다는 인식은 편견에 불과하다. 즉, 세뇌한 것이다."

그 결과 여학생의 수학 점수는 남학생과 차이가 없어졌다. 남녀공학과 여학교에서 이과 과목의 점수를 비교하면, 여학교의 점수가 더 좋다는 연구 결과도 있다.

여학교에서는 이성이 없기에 학업에 전념할 수 있다는 견해도 있을 것이고, 어떤 학교에서는 여학생이 남학생의 시선을 신경 쓰느라 진정한 능력을 발휘하지 못한다고 생각할 수도 있다.

어쨌든 이과 과목에 대한 점수 차이에 관해 성별로 인한 차이를 설명하는 생물학적 메커니즘은 발견되지 않았다. 오히려 남성들의 학업 성적 부진이 전 세계적으로 확산되는 것이 더 큰 문제일 것이다. OECD가 발표한 자료에 따르면, 지난 수십 년 동안 독해력에서 여성이 남성을 능가하는 경향이 계속되고 있다.

좋아하는 것과 잘하는 것을
아는 것이 중요한 이유

이과 과목과 여성이라고 하면 일본에서는 2018년 적발된 의대 부정 입학시험 사건이 기억에 생생하다. 도쿄 의과대학교, 쇼와 대학교, 고베 대학교, 이와테 의과 대학교, 가나자와 의과 대학교, 후쿠오카 대학교, 준텐도 대학교, 기타사토 대학교, 니혼 대학교, 세이마리안나 대학교가 입시 점수를 조정해서 여성과 재수생이 불이익을 받은 사건이다.

이런 점수 조정은 당연히 수험생들에게 알리지 않고 실시되었다. 남성에게 가점을 주었다는 것은 능력 검사에서 우수한 사람(이 경우는 여성)에게 '역차별적 행동'을 하는 것이므로 교육적으로도 정당화하기 어려운 행위다.

여성이 정말 수학과 과학 분야 과목에 적합한가는 문제가 아니다. 그것은 의료 분야와 직장 환경의 편견 문제라고 할 수 있다. 여성 중에도 유전적으로 수학과 과학에 유능하거나 앞으로 능력을 발휘할 것 같은 사람은 있다.

모든 능력에 관해서 말할 수 있지만, 자신이 '잘하거나', '좋아한다'고 생각한다면, 크든 작든 그에 대한 유전적 능력이 나타났다고 볼 수 있다. 물론 좋아하는 일을 잘하지 못하며, 그런 믿음이 무모할 가능성도 있다. 그래도 이 세상에 수없이 다양한 문화 영역 중 수학과 과학 분야에 조금이라도 끌린다면 그 자체가 유전적 능력의 표현이라고 볼 수 있다.

실제로 진로를 선택할 때는 미래에 직면할 수 있는 불리함도 고려해야 하겠지만, 그것은 어떤 직업을 갖더라도 일어나는 일다. 만약 여성이 프로 스모 선수나 심판이 되려고 하면 상당한 어려움이 기다리리라는 것은 상상하기 어렵지 않다. 하지만 그와 관련된 일을 시작함으로써 새로운 일자리를 개척할 수도 있는 것이다.

CHAPTER
4

어떻게
나의 가치를
만들까?

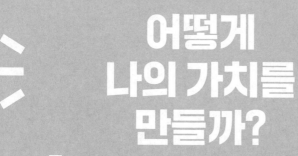

다른 것을 압도하는 뛰어난 능력이 없어도

어느 정도의 여러 능력을 겸비하는

전략을 세울 수도 있다.

새로운 분야를 배우는 것이 재미있다고 느낀다면

그것은 재능이 있다는 뜻이므로

꾸준히 하면 좋을 것이다.

불공평함이 있다는 사실부터 인정하자

유전자 검사로 어디까지 알 수 있을까?

보통 머리 좋은 사람이 고소득인 직업을 갖게 된다고 생각하는데, 실제로는 어떨까? 이른바 '좋은 학교'에 가서 '좋은 회사'에 들어가면 소득이 늘어날 수도 있겠지만, 그것은 결국 어린 시절부터 집안이 부유한지 여부에 달렸다고 보는 사람들도 있다.

벨스키 등은 2018년 출신 사회 계층과 성장한 이후의 사회 계층, 유전과의 관계를 조사한 대규모 연구 결과를 발표했다. 이 연구는 미국, 영국, 뉴질랜드에 사는 2만 명 이상의 개인을 대상으로 출생부터 만년까지의 사회 계층 이동에 대해 조사했다.

연구에 이용된 유전 지표는 전장 유전체 연관 분석(GWAS)에서 산출되는 교육 성취도의 다유전자 점수다. 이 점수가 높을수록 학력이 높은 사람의 SNP(한 염기만 다른 변이)이 높았다. 사회 계층은 학력, 직업, 소득, 경제적 어려움으로 측정된다. 또 사회적 성취도는 청년기에는 학력, 중년기는 직업, 노년기는 자산을 척도로 분석된다. 결과는 어땠을까?

다유전자 점수가 높은 아이들은 학력이 높고 직업적으로도 성공해 많은 자산을 축적하는 경향이 보였다. 또 다유전자 점수가 높은 아이들은 원래 사회 계층이 높은, 즉 사회·경제적으로 여유 있는 가정에서 자라는 경향이 있었다.

이 말을 들으면 '역시 집이 부자인 것도 유전이구나'라고 생각할 수도 있겠지만, 다유전자 점수가 높은 아이는 출생 배경과 상관없이 사회 계층을 상향 이동하는 경향이 있었다. 심지어 다유전자 점수가 높은 아이는 같은 가정에서 자란 형제자매보다 더 높은 사회 계층으로 이동해 가는 경향이 강한 것으로 알려졌다.

이 사실을 포함해 많은 것을 유전자 검사로 알 수 있는 시대로 접어들었다. 꽤 충격적인 결과가 아닌가? 또한 학력에서의 다유전자 점수가 범죄 같은 반사회적 행동과 관련이 있고, 우울증 같은 심리적 건강도가 행복감의 다유전자 점수와 관련이 있다는 연구 결과도 나왔다. 연관성이 있지만 각각의 설명률은 몇 퍼센트에 불과하기 때문에 산포도를 그려도 상관관계가 약간 있다고 보이는 정도다. 이것은 통계적인 추세이므로 개개인을 보면 이 추세에 해당되지 않는 사람도 많다.

그런데도 집단 차원에서는 통계적으로 유의한 수준에서 유전 정보로 학력, 소득, 반사회적 행동, 행복, 심리적 건강을 설명하고 예측하는 것까지 가능해졌다. 잘 알려지지는 않았지만 이러한 능력, 행동, 심리적 특성이 유전 정보로 설명되는 확률은 이미 상품화된 유전자 검사 서비스의 대상인 질병 및 비만을 설명하는 확률과 비슷하거나 오히려 더 크다. 그러므로 우리가 살아가는 데 유전적 유불리가 존재한다는 사실을 제대로 인식하는 건 꼭 필요한 일이다.

가장 이상적인 사회는 어떤 모습일까?

2020년 OECD 조사에 따르면, 일본 남성의 중위 임금이 100이라면 여성의 중위 임금은 77.5로 나타났다. 이에 비해 OECD 평균 여성의 중위 임금은 88.4로 일본은 남녀 임금 격차가 매우 크다는 것을 알 수 있다. 그렇다면 임금 격차는 왜 발생하는 것일까? 지능 등의 능력 조사에서도 남성과 여성 사이의 차이는 거의 없다. 남녀 임금 격차는 유전적 능력 차이가 아니라 사

회적 환경에 따른 것으로 풀이된다. 이에 관한 흥미로운 연구를
살펴보자.

일본에서는 야마가타 신지(Yamagata Shinji, 규슈 대학교)가 나카
무로 마키코(게이오기주쿠 대학교), 이누이 토모히코(Inui Tomohiko,
독립행정법인 경제산업연구소)와 함께 1,000쌍 이상의 쌍둥이를 대
상으로 소득에 관한 대규모 조사를 진행했다. 이 연구 결과에
따르면 소득에 대한 유전율은 약 30퍼센트다.

흥미롭게도 20세 정도까지는 소득에 대한 유전율은 20퍼센트
이고 공유 환경이 70퍼센트였다. 그런데 나이가 들수록 공유 환
경의 영향률은 감소하고 유전율이 증가한다. 한창 일할 나이인
45세 전후에는 유전율이 최고점인 50퍼센트에 달하고 공유 환
경의 영향률은 거의 0이 된다. 즉, 젊을 때는 부모를 비롯한 가
족과 친척의 영향을 받지만 결국 자기 유전적 소인에 좌우된다
는 것이다.

충격적인 것은 여기서부터다. 이 연구 결과는 남성에만 국한
된 것이다. 여성에 관해 직장 유무에 상관없이 측정한 결과, 소
득에 대한 유전율은 평생에 걸쳐 전혀 없었다. 여성은 전체적으
로 유전적 소인이 소득에 전혀 반영되지 않는다는 말이다. 이것
이 사실이라면 일본의 여성을 대상으로 직업이 있는 사람과 없
는 사람으로 나누어 제대로 유전율을 분석해야 하지만 아직 그

런 연구는 이루어지지 않았다.

일반적으로 사회적 자유도가 높을수록 능력에 대한 유전율은 높아지고 자유도가 낮을수록 유전율도 낮게 산출되는 경향을 보인다. 소수의 부자만 교육을 받을 수 있다면 학력에 대한 유전율은 낮아지고 누구나 교육을 받을 수 있다면 유전율은 높아질 것이다. 음주와 흡연 습관도 마찬가지다.

종교적 계율과 인습이 뿌리 깊게 남아 있는 지역에서는 개인의 행동이 엄격히 통제되지만, 자유로운 도시에서는 그 개인이 가진 음주와 흡연의 유전적 경향이 직접적으로 나타날 가능성이 크다. 그런 의미에서 일본은 남성의 소득 자유도가 높고, 여성의 자유도는 제한적이라고 볼 수 있다.

유전과 환경을 둘러싼 논쟁에서 흔히 볼 수 있는 오해 중 하나는 환경의 영향이 더 강하고 유전의 영향이 약할수록 자유롭다는 것이다. 이 말은 다른 한편으로는 그 사람이 가진 유전적 소인을 전혀 살릴 수 없다는 것을 의미하기도 한다. 유전적 재능을 살릴 수 없는 사회에서 개인차에 영향을 미치는 것은 자신이 태어난 가정의 사회·경제적 상황이며 나머지는 우연이라는 것이다.

유전율이 제로인 사회는 결코 이상적인 상황이라고 할 수 없지 않을까? 오히려 이렇게도 말할 수 있다. 환경을 평등하게 하거나, 자유롭게 만들거나, 민주주의 사회의 이상을 실현하려면 유전적 소인에 따른 개인의 차이를 제대로 인정하고 발휘할 수 있는 사회로 만들어야 한다.

스스로 꼬리표를 붙이지 않도록 주의하자

매우 부유하거나 대대로 정치인을 배출한 집안을 가리켜 우리는 '집안이 좋다'고 표현한다. 그런 집안의 아이들이 커서 예술가, 사업가, 정치인이 되어 유명해지는 것 또한 흔한 일이다. 그렇다면 가문은 개인의 능력 발현과 어떤 관계가 있을까? 이런 집안에서 태어난 사람들은 그 집안이 축적한 자산과 사회적 네트워크를 잘 활용하는 것일까?

투르크하이머의 연구 결과에 따르면, 사회·경제적 상황(SES, 사회 계층)이 높을수록 다양한 능력에 대한 유전율이 높아지는 경향이 있다. 즉, 경제적 제약 같은 환경적 압력이 낮아지면 그 사람이 가진 유전적 소인을 더 쉽게 발달시킬 수 있다. 날 때부터 뛰어난 유전적 자질이 있는 사람은 그것을 순조롭게 꽃피울 수 있으며 재능이 다소 부족한 사람도 어느 정도까지는 재능을 키울 수 있다는 말이다.

앞에서 지능과 소득의 관계를 설명한 벨스키의 연구를 소개했다. 이 연구에서는 교육 성취도의 다유전자 점수가 높았던 아이들은 그들의 타고난 사회 계층와 상관없이 사회 계층이 상향되는 경향이 강하다고 했다. 또한 수학 성취도에 대한 하든의 연구에서도 다유전자 점수가 높은 학생은 어떤 학교에서든 우수한 것으로 나타났다.

유전적 자질이 높은 아이에게 사회 계층의 정도는 큰 문제가 되지 않는다고 할 수 있다. 물론 사회 계층이 높을수록 재능을 발휘하는 문화 자본에 접근하기 쉽고 유리하지만, 사회 계층이 낮은 환경이어도 유전적 자질이 높으면 그것이 저절로 나타나고 스스로 그 재능을 깨달으며 주변 사람들도 그것을 지지하고 끌어올려 줄 가능성도 있다. 다만 하든의 연구에서는 다유전자 점수가 평균이거나 낮더라도 사회 계층이 높은 아이는 많은 학교에서 도태될 가능성이 적다고 지적했다.

학교 자체가 유전적 소인과는 무관하게 그 학교 학생들을 명문 고등학교 또는 대학교에 진학시키기 위해 이끌어가기 때문이다. 이 점을 생각하면, 사회 계층의 효용은 어떤 분야에 대해 유전적 소인이 보통 혹은 낮은 아이가 아래로 떨어지는 것을 막는 것일 수도 있다.

뒤집어 말하자면 사회 계층이 낮은 환경이라는 것만으로 너희/우리의 삶은 당연히 그 정도라고 다른 사람도 나 자신도 꼬

리표를 붙여 버리고 스스로 기회를 날려 버릴지도 모른다는 것
이다.

부유할수록
유리하다는 가설

지금까지의 설명을 수긍할 수 없는 사람들도 있을 것이다. '엄
청난 부자라면 보통 사람은 못하는 경험을 할 테니까 능력을 키
울 수 있지 않을까? 문화 자산의 영향을 크게 받을 텐데?'

개인적인 경험으로 나 또한 '대단한 집안'의 사람들과 대화할
때가 있어서 왜 그렇게 말하고 싶은지 이해할 수 있다. 과거 대
저택에 사는 지역 유명 인사의 아들과 친분이 있었다. 그의 집
에는 박물관에 소장되어도 이상하지 않은 책과 도검류가 자연
스럽게 장식되어 있다. 부모님이 국제적으로 인정받는 연구자
들이기에 집에도 엄청난 양의 문헌이 있다. 어릴 때부터 부모의
삶을 가까이서 보면서 연구 이야기를 들으며 자랐다. 친척도 역
시 일본을 대표하는 지휘자라 어릴 때 세계적으로 유명한 바이
올리니스트가 머리를 쓰다듬어 주었다고 한다.

명문가에서 태어나 모든 시간과 노력을 특정 분야에 쏟을 수
있는 사람은 확실히 존재한다. 일가가 오랜 세월 축적해 온 문
화 자산에 개인의 유전적 자질이 얹어져 탁월한 재능으로 꽃피

우는 개별 사례로서, 충분히 가능한 이야기다. 솔직히 행동유전학 연구에서 사용되는 사회 계층 등의 지표는 피험자가 태어나 자라온 환경을 충분히 반영한다고 할 수 없다.

사회 계층을 산출할 때 묻는 항목은 가계소득, 돈 버는 사람의 학력이나 직업, 관리직 또는 육체 노동직 정도에 지나지 않으므로 사회 계층이 곧 집안 환경을 의미하는 것은 아니다. 집안에 주요 문화재가 있다거나 대단한 영향력을 미치는 친척에 있다거나 무명이지만 동네에 매우 숙련된 솜씨의 장인이 있다든가, 그런 개별적인 사정은 전혀 알 수 없다. 애초에 문화 자산이 무엇인지 정량적인 정의도 없기 때문이다.

능력을 측정하는 지표에 대해서도 소득과 실적 등이 능력을 어느 정도 반영하는지도 논란의 여지가 있다. 어느 분야에서 뛰어난 성과를 거두고 높은 소득과 대중의 인정을 받았다면 그것은 어디까지가 개인의 능력에 의한 것일까?

어쩌면 특정한 문화 자산이 있어서 다른 사람들은 접근할 수 없는 지식과 인맥을 활용할 수 있었고, 그로 인해 성과를 냈을 지도 모른다. 심지어 그렇게 낸 성과를 활용함으로써 그 후에도 일정한 사회적 지위를 유지할 수 있을 것이다.

위에서 언급한 '명문가'의 예는 전체 모집단 중에서도 극히 드문 사례일 것이다. 표본 수가 적으면 이러한 희귀 사례의 효과는 거의 측정할 수가 없다. 이것은 유전자 검색에서도 마찬가지다. 수십만 명의 샘플에서는 찾을 수 없었던 학력의 SNP을 100만, 300만 명으로 늘릴 때마다 발견할 수 있었던 것도 이 때문이다. 유전자 연구에서는 이러한 희귀한 유전자 변이, 이른바 희귀 변형 연구가 이루어지고 있다.

쌍둥이 연구든 다유전자 점수를 이용한 GWAS 연구에서든, 샘플을 비교적 풍부하게 채취할 수 있는 사회 계층인 '상(上) 중의 하(下)'에서 '하 중의 상'에 이르는 범위의 샘플이 가장 많을 것이다. 이것은 통계적 기법을 이용하는 사회 과학 연구 전반에서 흔히 볼 수 있는 문제다. 예를 들어 정신 질환이나 발달 장애의 발현은 아무래도 사회적 계층이 낮아질수록 증가하는 경향이 있다. 따라서 이런 연구를 수행할 때는, 하위 계층에 대한 오버 샘플링(해당 카테고리의 데이터를 넉넉하게 추출하는 것) 등의 대책을 실행한다. 그러나 이런 조치를 취해도 조사 대상의 양쪽 끝에서는 탈락이 많아지거나 정확한 데이터를 얻기 어려워 신뢰 구간이 넓어지기 때문에 확언하기는 어려워진다.

우리는 '사회 계층의 상의 상'에 대해서도 충분히 연구했다고 말할 수 없다. 세계 불평등 연구소의 조사에 따르면 세계 상위 1퍼센트인 '슈퍼 리치(Super Rich)'의 자산은 2021년 세계 전체 개인 자산의 37.8퍼센트를 차지한 반면, 하위 50퍼센트의 자산은 전체의 2퍼센트에 불과했다. 일본에서도 상황은 마찬가지다. 상위 10퍼센트의 자산이 57.8퍼센트, 최상위 1퍼센트가 24.5퍼센트를 차지한다.

상위 1퍼센트의 사회 계층에서 유전, 공유 환경, 비공유 환경이 어떻게 영향을 미치는지는 흥미로운 연구 주제다. 투르크하이머의 연구에서는 사회 계층이 높아지면 유전율이 올라가는 경향이 나타났지만 상위 1퍼센트를 살펴보면 다른 결과가 나올 수도 있을 것이다.

어디까지나 가설이지만 사회 계층과 유전율의 관계는 선형적으로 변화하는 것은 아닐 것이다. 예를 들어 사회 계층이 상위 몇 퍼센트를 넘으면 유전이 아니라 공유 환경의 영향이 훨씬 커질 수도 있다. 만일 그렇다면 '좋은 집안에서 태어난 아이가 유리하다'는 직관이 맞는다는 이야기다.

이 가설을 검증하려면 어떻게 해야 할까? 이를 위해서는 초부유층과 최하위층의 협조가 필요하다. 유전자 검사용 키트로 샘플을 채취하여 GWAS 데이터로 분석하게 될 것이다. 어쩌면 일론 머스크 같은 사람은 흥미로워하면서 협조해 줄 것 같기도 한데 말이다.

제약이
없을수록
기회가 늘어난다

똑똑한 사람만
인정받는다는 환상

지능과 소득이 관련 있고, 심지어 행복감과 심리적 건강과도 관련 있다는 말을 들으면 마음이 무거워지는 사람도 있을 것이다. 아이를 키우고 있다면 장래가 어떻게 될지 걱정스러워질지도 모른다.

사람들은 흔히 오늘날을 고도 지식 사회라고 표현한다. 기술을 창출하고 활용하려면 높은 지능이 필요하고, 그런 기술을 가진 사람은 인정을 받고 많은 소득을 얻는다. 반면 기술과 정보를 잘 다루지 못하는 사람은 인공 지능 같은 기계에 일자리를 빼

운명을 뛰어넘는 힘

앗긴다. 그 지능이 대부분 유전에 좌우된다면 결국 인생은 '유전 뽑기'가 아닌가.

자주 듣는 그럴듯한 이야기이지만 나는 '고도 지식 사회'는 환상이고 허구라는 생각이 든다. 고도의 기술을 창출하는 데 높은 지능이 필요 없다는 말이 아니다. 또 지능과 소득이 연관성이 있다는 행동유전학의 연구 결과가 거짓 혹은 틀렸다는 뜻도 아니다. 모두 '현대 세계는 고도 지식 사회'라는 환상을 믿기 때문에 지능과 소득이 상관관계를 가지는 현상이 일어나는 게 아닌가 하는 생각이다. 이게 무슨 말일까?

나는 전작인 《일본인의 90%가 모르는 유전의 진실(日本人の9割が知らない遺伝の真実)》에서 '달리기 왕국 이야기'라는 우화를 썼다. 달리기 왕국에서는 18세가 되면 전국의 남녀가 달리기 경주에 나가 순위를 겨룬다. 달리기가 빠를수록 뛰어난 사람으로 인정받고 미래의 진로를 자유롭게 선택할 수 있다. 공무원, 연구자, 경영자 등 사회적 인식이 좋은 직업을 가지려면 달리기를 잘해야 하는 이상한 나라에 관한 이야기다.

단거리 달리기 능력과 공무원이나 연구자에게 필요한 능력은 아무 상관이 없다. 이 우스꽝스러운 우화에서 내가 말하고자 하는 바는 분명하다. 일본에서는 학업 성적(≒지능)에 의해 대학교와 일자리가 결정되는 경향이 있다. 성적이 좋은 학생은 이른바

'좋은 학교'로 이름난 중·고등학교 또는 대학교에 들어가고 취업 순위에서 상위를 차지하는 회사에 취직하거나 지위가 높은 직업을 갖는다.

어릴 때부터 남이 부러워할 만큼 뛰어난 재능이 없는 평범한 사람에게는 그것이 가장 확실한 길이고 인생의 승자가 되는 수단이라고 믿는 사람이 지금도 적지 않을 것이다. 타고난 재능이 확실하게 표현되는 음악이나 스포츠와 달리 학교 공부는 노력 여하에 따라 어떻게든 된다고 착각하기 때문이다.

열심히 공부해서 시험을 봤을 때는 성적이 오르고 공부를 소홀히 할 때는 성적이 떨어진 경험이 있을 것이다. 본인의 노력에 따라 지능을 최대한으로 높일 수 있고 그 점을 시험이나 학력으로 증명할 수 있다. 이 노력의 연장선상에 고도 지식 사회가 기다리고 있다. 공부를 게을리해 학력이 낮아서 고도 지식 사회에서 뒤처지는 것은 자업자득이라고 여긴다.

이게 무엇이 문제일까? 달리기 왕국 같은 경우에는 공무원이나 연구자가 되기 위해서는 단거리 달리기 기술이 필요했다. 그에 비하면 고도 지식 사회에서 복잡한 업무를 해내기 위해 지능이 높은 사람을 선발하는 것은 언뜻 합리적으로 보인다. 지능이 높은 사람은 문제 해결 능력이 있으니까 그런 사람들을 모으면 분명 좋은 성과를 내겠지……. 하지만 고도의 지식 사회에서 복잡한 업무를 수행하는 데 필요한 능력이 정말 지능일까?

최근 들어 그렇다고 할 수 없는 사례가 눈에 띈다. 일본의 공기관은 지금도 아날로그적 수단을 많이 사용하는데, 이것이 업무 효율화에 걸림돌이 된다는 지적이 자주 나온다. 관료들은 국회의 답변을 준비하기 위해 장시간 야근을 강요당하고 잠도 제대로 못 잔다고 하는데, 그렇다면 수면 시간이 짧은 유전자를 가진 사람을 관료로 채용하는 것이 좋을 것이다.

채용하는 측은 문제 해결 능력이 커 보이는 사람을 뽑는 것이겠지만, 실제 업무에 사용되는 자질과는 거리가 멀다. 아니, 성적이 좋은 사람은 학생 때부터 잠이 적은 사람이었을 테니 역시 성적으로 평가하는 것이 좋다고 생각할까?

지난 30년간 일본 기업들은 세계 증시 시가 총액 순위에서 탈락했고, 경쟁력 순위에서도 하락했다. 일본의 대기업에서는 졸업 후 입사한 사원이 사내 경쟁을 통과해 경영자가 되는 경우를 지금도 많이 볼 수 있는데, 그 사람들은 대체로 지능이 높은 사람이 많이 있다고 여겨지는 명문 대학교 출신이다. OECD의 학습 성취도 조사(PISA)에 따르면, 일본의 15세 청소년들은 수학적 소양과 과학적 소양에서 오랫동안 세계 최고 수준을 유지해 왔다. 국민의 학습 성취도의 수준도 평균적으로 높고, 관료와 경영자는 일류 대학교를 졸업했다.

역사를 거슬러 올라가면 일본은 수백 년 전부터 문맹률이 상
위권에 속했다. 구어인 모국어를 습득하는 것은 원칙적으로 누
구나 할 수 있는 생득적 능력이지만, 문자 습득은 후천적인 학습
이 필요한 어려운 과제다. 그것을 해결한 나라가 디지털화와 기
업 경쟁력, GDP 성장률, 정치가의 영어 실력, 외교력 등에서 다
른 나라에 뒤처지다니 이상하다고 생각하지 않는가?

능력주의 사회의 허상에 속지 마라

고위층과 관리자들이 변변치 않다 보니 뛰어난 인재를 활용하
지 못해서일지도 모른다. 30년째 내리막길을 걷고 있는 일본은
물론이고 GDP가 성장하는 국가들에서도 막대한 보수를 받는
경영자와 엘리트층에 대한 비판의 목소리도 높아지고 있다. 뤼
트허르 브레흐만(Rutger Bregman)의 《휴먼카인드》에서는 네덜란
드의 방문 간호 기업인 뷔르트조르흐(Buurtzorg)의 창립자 요스
드 블록(Jos de Blok)의 말을 인용하면서 지식 경제의 모순을 지적
했다. 뷔르트조르흐는 관리자가 없을 뿐만 아니라 목표나 보너
스도 없지만, 네덜란드에서 다섯 번이나 최우수 기업에 선정되
었다.

"일을 어렵게 만드는 것은 쉽지만 쉽게 만드는 것은 어렵다".

그의 기록이 분명히 말하듯이, 관리자는 대부분 복잡한 것을 선호한다. 드 블록은 "이 같은 선호가 생기는 이유는 복잡성 덕분에 관리자의 직업이 더 흥미로워지기 때문이다. 그리고 이렇게 말할 수 있게 만들어주기 때문이다. '알겠죠? 이러한 복잡성을 정밀하게 관리하려면 내가 필요하다니까요'라고 설명한다.

이런 방식이 소위 '지식 경제'의 큰 부분을 이끌고 있는 것 아닐까? 혈통 있는 관리자와 컨설턴트가 단순한 일을 최대한 복잡하게 만들고, 그 모든 복잡성을 헤쳐 나가기 위해 그들을 필요로 하게 되는 것은 아닐까? 나는 가끔 이것이 '월스트리트 은행가들뿐만 아니라 이해할 수 없는 전문 용어나 유포하는 포스트모던 철학자들의 수익 모델이 아닐까'라고 속으로 생각해 본다. 둘 다 단순한 일을 불가능할 정도로 복잡하게 만든다.

이 말이 사실이라면 사회를 풍요롭게 하고 사람들을 행복하게 하는 일에 관해 높은 지능은 그다지 유용하지 않으며 오히려 해롭다고 할 수 있다. 18세기 위대한 계몽사상가 장 자크 루소(Jean Jacques Rousseau)의 명언 "조물주의 손을 떠날 때는 모든 것이 착하고 어진 것이었으나 인간의 손에 들어가자 모든 것이 악하게 되었다"는 바로 이것을 뜻하는 것 같다.

1장에서도 말했듯이, 찰스 스피어만이 통계적으로 발견한 일반 지능이라는 것은 단순한 추상적 개념이 아니라 생물학적 메커니즘으로 설명되는 뇌신경학적 실체에 가깝다. 전두엽과 두정엽이 함께 잘 작동하고 적절한 시기에 적절한 콘텐츠에 주의를 기울이며, 외부 정보를 우리가 이미 보유한 지식과 비교하거나 통합하는 일을 하는 것이 일반 지능이다. 컴퓨터로 치면 CPU(중앙연산처리장치)에 해당한다. 한꺼번에 얼마나 빨리 많은 정보를 처리하느냐 하는 이야기다. 즉, 그러한 '똑똑함'에 유전적 개인차가 있는 것은 사실이고, 지능 검사를 하면 일차원적으로 우열을 가릴 수도 있다.

그러나 똑똑함, 즉 일반 지능의 지표가 뭐든 할 수 있는 능력을 뜻하지는 않는다. CPU의 성능이 높은 사람을 쓰면 어떤 과제라도 해결할 수 있는 것은 아니다. 거기에는 중요한 '지식'이 없기 때문이다. 새로 산 컴퓨터의 처리 용량이 아무리 크다 해도 워드프로세서나 게임 소프트웨어, 사전 애플리케이션이 깔려 있지 않거나 문서 데이터와 수치 데이터가 없다면 아무짝에도 소용이 없다. 인간의 뇌도 마찬가지다. 경험을 통해 소프트웨어와 데이터베이스로 구체적인 지식을 학습하지 않으면 도움이 되지 않는다.

사람들이 직면한 실제 문제를 해결하려면 뇌에 그 문제에 특화된 소프트웨어와 데이터베이스가 있어야 한다. 이것은 그 사람의 구체적인 경험을 통해 학습되며, 그 내용에 따라 뇌의 여러 부분에 저장된다. 지금까지 살펴본 바와 같이, 한 사람이 어떤 경험을 많이 하게 되는가에는 본인의 다양한 유전적 소인이 반영된다. 사람들은 일반 지능이 아닌 그런 소인이 가진 의미에 관해 과소평가하는 경향이 있다.

아직 확실한 증거는 없지만 이러한 지식을 활용하는 것은 일반 지능을 담당하는 중앙 실행 네트워크가 아니라 자아와 사회적 감정과 관련된 기본 모드 네트워크가 주로 기여한다. 이 부분은 전두엽과 두정엽에 비해 상대적으로 유전율이 낮고 비공유 환경의 영향, 즉 개인적 경험에 크게 영향을 받는다는 연구 결과와도 부합된다.

2020년대 들어 관공서에서의 통계 부정이 잇따라 적발되었다. 만약 '정확한 통계를 내어 그 자료를 정확하게 사회에 제공하는 능력 검사'를 만들어서 순위를 매긴다면 그것은 지능이나 학업 성취도 순위와는 또 다른 기준이 될 것이다.

일반 지능도 한 요소로 포함되겠지만 통계학과 연구 방식에 대한 전문 지식이나 준법의식, 윤리관, 부정행위를 강요하는 상사에 대항할 수 있는 정의감, 이런 것들이 지능보다 훨씬 중요한 위치를 차지할 수 있다. 지필 검사로는 측정할 수 없으며 현장에서 실제로 부정행위를 적발하고 상사에게 조언할 수 있는지 조사하는 방식으로 평가해야만 의미가 있는 것이다.

능력을 활용하게 만들어 주는 일이 있는 사회는 훌륭하다. 하지만 오늘날의 능력주의는 그 능력을 지나치게 조잡하게 분류하고 척도화해서 오히려 진정한 능력을 활용하지 못하는 것 같다. 우리가 과연 달리기 능력으로 인간의 우열을 결정하는 달리기 왕국 사람들을 비웃을 수 있을까?

인공 지능이 정말 인간을 대체할 수 있을까?

고도 지식 사회에서는 높은 지능이 요구되지만 나는 그것을 환상이고 허구라고 생각한다. 어느 사회에나 살아 있는 육체를 가진 생물로서의 인간이 살아가려면 육체를 가진 인간의 노동이 꼭 필요하기 때문이다. 인공 지능 탑재 로봇이 살아 있는 인간을 대신해 일하고, 인간은 PC 화면을 보면서 키보드만 두드리는 원격 작업을 함으로써 전 세계인이 살아갈 수 있다는 것은 지능 높은 사람들이 순진하게 만들어 낸 공동 환상일 뿐이다.

사회의 모습이 모든 사람이 공동 환상을 품음으로써 결정되는 것도 사실이다. 화폐 경제가 성립되는 이유는 누구나 돈이 가치가 있다고 믿기 때문이다. 그 돈도 과거에는 조개 껍데기나 진짜 '금'이나 지폐라는 실체가 있는 것이었지만 지금은 가상 화폐라는 것이 등장했다. 가상 화폐에 '신용'이라는 뇌의 내적 감각을 모두가 공유한다면 당분간 효력이 있을 것이다.

이제껏 일본은 실제로 입에 넣어서 먹어야만 하는 '식량'을 비롯해 우리 생활 전반을 지탱하는 '에너지'에 이르는 여러 요소를 '저렴하니까', '자국에서는 만들 수 없어서'라는 식으로 머리로 이유를 갖다 붙여 해외에서 조달해 왔다. 이것들은 본래 인간의 육체를 사용한 노동이 자연을 이용해 만들어야만 구할 수 있는 것들이었다. 전두엽과 두정엽만으로 쌀과 전기를 만들 수는 없다. 논리의 비약이 있다는 점을 감안하며 다소 무모하게 말하자면, 이러한 경제 구조 또한 고도 지식 사회 같은 일반 지능에 치우친 공동 환상의 산물이다. 역사적 폭거라고밖에 표현할 수 없는 러시아의 우크라이나 침공을 보면서 사람들은 그런 환상이 얼마나 위험한지 실감하지 않았을까?

이런 공동 환상의 배경에는 아마도 학교 교육 시스템이 있을 것이다. 바로 얼마 전의 일이다. 근처 공원에서 여름 방학에 막 들어간 초등학생들이 요즘 보기 드물게 곤충 채집망을 갖고 매미가 우는 나무 아래에 있었다. 어떤 이야기를 하고 있을까 했더니 "쟤는 머리가 좋잖아"라고 말하는 것이 아닌가. 매미가 아니라 똘똘한 같은 반 친구에 대한 이야기였다. 여름 방학 동안에는 학교에서 해방되어 곤충 잡기 열중하는 아이다운 아이로 돌아갈 것이라는 생각은 유감스럽게도 환상이었다.

우리는 어릴 때부터 학업 성적이 점수화되고 서열화되는 구조를 당연하게 받아들인다. 학업 성적이 좋은 사람은 똑똑하고 여러 과제를 해결할 수 있기 때문에 고소득이나 높은 사회적 지위를 얻는 게 당연하다는 가치관을 좀처럼 의심하지 않는다. 명문 대학교 입학을 목표로 한 달리기에서 패배감을 느끼지 않을 수 있는 사람은 소수일 것이다. 대부분은 의무 교육과 고등 교육을 받으며 많든 적든 열등감을 느낀다.

이것은 단순히 대학교 진학 여부를 생각하는 개인의 문제가 아니다. 누구나 고도 지식 사회라는 환상을 믿기 때문에 모든 분야에서 지능을 기준으로 한 일원적 서열화가 진행된 것이다. 지금은 조금이라도 공부를 잘하면 명문 대학교에 입학하리라는 기대를 받는다. 좋은 고등학교에 가고 좋은 성적이 나오면 좋은 대학교에 간다. 지방에 있는 학교보다 편차치가 높은 도시 지역의 학교로 간다. 좋은 대학교를 나온 사람은 분명 좋은 회사나 조직에서 일할 것이다. 좋은 회사나 조직에 근무하는 사람의 말은 언제나 옳으리라 여겨진다.

대학교에 진학한 사람이 소수에 불과할 때는 대졸자가 아니더라도 똑똑하다고 여겨지는 사람들이 사회 곳곳에 흩어져 자기 능력을 발휘했다. 그런데 고도 대중 교육화 사회가 된 지금은 어떤 분야에서도 대학교를 나오지 않으면 운신의 폭이 좁은 느낌을 받는다. 어렵게 명문 대학교를 나와 인기 기업이나 관공서에 들어간 사람 중에도 능력을 발휘하지 못해 우울해하는 사람이 있을 것이다. 여기서 우리 사회를 지탱하는 모든 사람이 우리가 살기 위해 사용하는 능력이 어떤 것인지, 그것은 어떻게 획득되고 실제로 사용되는지를 다시 생각할 필요가 있어 보인다.

우성과 열성이 있다는 인식은 왜 문제일까?

'우생학'이라는 말을 들어본 적이 있을까? 영국 인류학자 프랜시스 골턴(Francis Galton)은 사촌 찰스 다윈(Charles Darwin)이 발표한 진화론의 영향을 받아 인간의 능력이 어떻게 유전되는지 통계적으로 분석하려 시도했다. 골턴은 인간의 능력은 대부분 유전된다고 생각했으며 인위적인 선택을 통해 품종 개량을 하면 더 나은 사회를 만들 수 있다고 주장했다.

그는 '우생학'이라는 용어를 만들었고, 그 사상은 우생사상이라고 불리었다. 상당히 위험한 주장이지만, 당시에는 세계 주요 국가의 정치인과 문화인들이 이 사상을 받아들이고 정책과 법으로 시행했다.

나치 독일의 독재자 아돌프 히틀러(Adolf Hitler)는 골턴의 우생학을 적극적으로 받아들였다. 히틀러는 아리아인이 유전적으로 우월하다고 믿었으며 '열등한 인종인 유대인'과 정신 질환자들의 혈통을 제거하려다 홀로코스트 등 인류사에 남을 대학살을 자행했다.

히틀러와 연관됨으로써 우생학, 나아가 유전 연구 자체가 학문적 금기로 취급되었다. 지금도 다소나마 인간과 유전학의 관계에 관심 있는 사람들의 뇌에는 '유전=우생학=히틀러=차별주의자'라는 인식이 견고하게 남아 있기 때문에, 많은 교육 관계자는 블랭크 슬레이트(Blank Slate)설을 주장한다. 블랭크 슬레이트란 빈 석판을 말한다. 사람의 정신은 새하얀 석판이며 교육에 따라 얼마든지 재능을 키울 수 있다는 생각이다.

블랭크 슬레이트설은 언뜻 아름다운 이야기처럼 들린다. 내가 대학교 시절에 경도된 스즈키 메서드도 바로 그랬다. 그러나 행동유전학 연구는 환경만큼이나 유전이 지능에 영향을 미치고 있음을 보여 주었다.

지능에는 유전이 크게 영향을 미친다는 행동유전학 연구 결과에서 지능이 낮은 인간의 혈통은 제거해야 한다는 우생학의 주장을 이끌어 내는 것은 이른바 자연주의적 오류다. 즉, 사실 명제에서 가치 명제를 도출하는 논리적 오류를 범하고 있다. '지능이 유전된다'고 하면 대중의 반발이 크기 때문에 '지능은 유전되지 않는다는 것으로 한다'는 것도 가치 명제에서 사실 명제를 이끌어내는 '역(逆)자연주의적 오류'라고도 불러야 할 비과학적 태도다. 이런 태도는 학문적으로도 불성실할 뿐만 아니라 다음 세대를 무의미하고 불필요하게 압박하게 된다는 문제가 있다. 교육 기회를 제공하고 스스로 열심히 하기만 하면 공부를 잘할 수 있는데 못하는 것은 본인의 잘못이라는 논리를 성립시킨다.

우생학은 부정되었지만 동시에 심리적 형질의 유전이 금기시되면서 반대로 '우생적 현실', 즉 유전적으로 우수한 사람이 유리하게 살 수 있는 사회는 그대로 남아 버렸다. 사람들은 뛰어난 사람을 동경하고 자신도 그렇게 되려고 하며 그렇지 않은 사람의 가치는 깎아내린다. 유전적 소인의 차이를 무시하고 특히 지능이나 학력이라는 기준으로 사람을 서열화한다. 그런 우생사상은 살아남았다. 그러한 암묵적인 서열에 근거해, 사회적 지위와 소득이 정해져 간다. 이것이야말로 우생 사회가 아닐까?

수학이든 문학이든 역사든 자연 과학이든 따지고 보면 학교에서 배운 지식은 다 진짜 지식이고 학교가 없었다면 혼자 배울 기회가 없으므로 다른 곳에서 얻을 수 없는 훌륭한 능력이다. 그 능력을 충분히 자기 삶에 활용할 수 있다면 아무 문제가 없다. 영어를 할 수 있으면 외국인과 소통하고 정보를 얻기에 매우 편리하다. 수학이나 과학 지식이 있으면 사물을 정량적으로 파악하는 데 도움이 된다. 만약 역사나 지리에 대한 지식이 있으면 세계 뉴스를 더 깊이 이해할 수 있을 것이다.

학창 시절에 공부는 안 하고 놀다가 졸업한 뒤, '그때 공부 좀 열심히 할걸 그랬다' 후회하는 사람은 모두 사회에서 일하는 어른들이다. 학교에서 가르치는 지식은 원래 현실 세계에서 일어나는 일에 대한 다양한 지식의 본질을 압축한 것이기 때문이다. 연구원, 엔지니어, 저널리스트, 관료 등의 직업을 가진 사람이라면 고등학교까지의 공부에 대해 '공부하길 잘했다!'라고 생각하지 않을까? 그것은 압축한 ZIP 파일을 통째로 삼킨 것이 비교적 쉽게 머릿속에서 해제되기 때문이다.

그렇다. 이런 종류의 지식은 학교 교사가 되기 위해서도 중요하다. 학교 교사는 자신이 경험한 학교 공부는 도움이 된다고 하는데 지금까지 설명한 의미에서는 틀린 말이 아니다. 하지만 세상일은 훨씬 다양하다. 사회에서 살아가는 데 알아야 할 기본적인 지식은 많이 있지만, 학교 교육 과정은 그것들을 망라하지도 않고 또 망라할 수도 없다. 무엇보다 학교 교육 과정은 교육이 생업인 사람들이 만들기 때문에 교사나 교육 내용 설계에 관련된 학자들에게 가장 도움이 될 것이 분명하다.

평범한 능력이 여러 가지인 게 더 나을지 모른다

다행히 기술의 발달은 지금까지 없던 다양한 일자리를 만들어

냈다. 새로운 직업들에는 어린이들의 관심을 끄는 유튜버가 있다. 나는 그 분야와 아무 관련이 없어서 자세한 내용은 모르지만, 아마도 재치 있는 입담과 영상 표현으로 능력을 발휘하는 것 같다. 기존의 학교 교육 시스템에서 요구하는 것과는 다른 능력이다.

예전에는 소수 마니아의 취미로 여겨지던 비디오 게임도 게임 방송인과 프로게이머라는 새로운 장르의 일자리를 창출하고 있다. 유튜버나 프로게이머는 초등 남학생들의 장래 희망 중 상위 10위 안에 들 정도이며 실제로 놀랄 정도로 많은 돈을 벌기도 한다.

돈을 번다는 것은 비즈니스가 가능하고 특정 시장이 형성되어 있다는 것이다. 즉, 사회에 뚜렷한 수요와 공급이 있다는 뜻이다. 지금까지 그다지 사회적으로 인정받지 못하던 능력으로 활약할 수 있는 사람이 늘어나는 것은 멋진 일이다. 입담과 영상 감각으로 인기를 얻는 유튜버, 매혹적인 플레이로 토너먼트에서 우승하는 프로 게이머…. 이런 직업들은 SNS에서 좋은 평가를 받기 쉽고 순식간에 전 세계적으로 인기를 얻을 수 있다.

새롭게 주목받는 직업은 대부분 개인의 뛰어난 능력에 기반을 두고 있지만, 인간의 능력이 활용되는 방식은 뛰어난 개인기가 아니라 여러 지역적 인간관계 속에서 나타난다. 뛰어난 인물만 빛나더라도 그 사람 주변에는 그를 빛내기 위해 함께 노력하는 사람들의 네트워크가 형성되어 있다. 그 네트워크에서 다른 사람이 할 수 없는 일을 한다면 그 사람의 유전적 소인이 능력으로써 발휘된다고 볼 수 있다.

학업 능력과 지능뿐만 아니라 인터넷으로 정보를 발신하고 게임을 하는 능력까지 검사 항목을 만들어 측정하면 대체로 정규분포를 그릴 것이다. 유전과 환경의 영향도 반감될 것이다. 다만 새로운 환경이 등장하면 그에 대한 적응성 측면에서 새로운 유전적 소인이 발현될 수도 있다.

3장에서 언급했듯이 부유한 가정의 자녀만 학교에 갈 수 있다면 학력은 자산의 영향을 강하게 받지만, 누구나 학교에 다니게된다면 유전적 소인의 차이에 의해 크게 좌우된다. 어떤 능력이든 환경적 압력이 감소하면 유전적 차이가 확대된다.

현재 우리는 인터넷을 통해 모든 분야의 노하우를 습득할 수있다. 무언가에 몰두하는 사람은 점점 더 많은 노하우를 흡수하고 자기 능력을 강화할 수 있다. '좋아하는 일은 잘하게 된다'는 옛말이 있는데, 누구나 자원에 접근할 수 있기 때문에 유전적 소인의 차이는 더욱 벌어질 것이다. 개인기로 빛나는 분야에서 어중간하게 '그럭저럭 좋아하는' 정도로는 두각을 나타내기 어렵다는 것을 이해해야 한다. 앞에서도 말한 '집중력', 몰입 상태(Flow)에서 그 일에 장시간 빠져들 수 있어야 하며, 그 목표는 사회적으로 인정받는 것이어야 한다.

또는 다른 것을 압도하는 뛰어난 능력이 없어도 어느 정도의 여러 능력을 겸비하는 전략을 세울 수도 있다. 앞서 말했듯이 100명 중 1명의 능력에 3개를 곱하면 100만 명 중 1명의 인재가 될 수 있다. 요즘 화제가 되는 '재학습', '재교육(reskilling)'은 이런 사고방식에 바탕을 두고 있다. 회계 지식이 있는 사람이 영어와 인터넷 정보 발신을 능력을 갖추는 식이다.

새로운 분야를 배우는 것이 재미있다고 느낀다면 그것은 재능이 있다는 뜻이므로 꾸준히 하면 좋을 것이다. 하지만 그런 방법을 누구나, 아니면 영원히 계속할 수 있을까?

'이제는 XX다!'라고 각광받는 분야 중 감이 오는 분야가 한 가지도 없을 수도 있다. 원하는 대로 하면 된다고 하지만 산더미 같은 선택지에서 도대체 어떻게 자신에게 맞는 분야를 찾을 수 있을까? 또 애초에 고도화되어 가는 새로운 분야를 배우는 것 자체가 별로 내키지 않을 수도 있다. 호기심의 강도, 새로운 것에 대한 개방감 같은 성격도 유전의 영향을 강하게 받으며, 나아가서는 성격은 비능력, 즉 학습으로 바꾸기 어려운 형질이다.

재교육을 추진하고 싶은 정부와 기업은 '디지털 기술을 활용해 가치를 창출할 수 있는 인재가 된다', '인생 100년 시대, 새로운 것을 계속 배우자'라고 외치지만 자기 흥미와 관심이 이미 표준화되어 버린 'DX에서의 가치 창조'와 일치하지 않을 수도 있다. '항상 새로운 것을 배우는 것'은 아름답고 옳은 소리로 들리지만 모든 사람이 적합하다고 생각하긴 어려우며 반드시 유전적 차이가 난다. 심지어 새로운 것이기 때문에 어떤 유전적 조건과 들어맞을지는 전례가 없다. 그런 의미에서 유전적 소인은 아무도 모른다. 이것이 롤스가 말한 '무지의 베일'의 생물학적 특징일 것이다.

학교의 지능으로 일률적으로 평가되는 것에 비하면 평가의 축이 늘어났으니 더 낫다고 할 수도 있지만, '새로운 것을 잇달아 배우라'고 강요받는 사회 또한 고도 지식 사회의 변형에 지나지 않을지도 모른다.

다양한 모습의 사회를 경험해 보라

고도 지식 사회라는 환상에서 벗어나기란 쉽지 않다. 능력의 개인차에 관해 연구하는 행동유전학자가 이렇게 말하다니 의외겠지만, 애초에 뛰어난 능력을 키우고 빛나게 하겠다는 생각 자체가 무리가 아닐까. 정보화 사회 훨씬 전의 원시 수렵 채집민 사회를 생각해 보자. 당시에도 집단에서 뛰어난 능력을 발휘하는 사람들이 있어서 주변 사람의 존경을 받거나 인기를 얻었을 것이다. 강한 자, 아름다운 자, 똑똑한 자는 어느 시대에나 사람

을 매료시키기 때문이다. 그렇다고 모든 이에게 인정받는 뛰어
난 사람들만 그 사회에서 자리 잡았던 것은 아니다. 오히려 사
회를 위협하지 않는 한 수렵 채집 사회는 어떤 사람이든 상관없
이 그 사회에서 자기 자리를 마련할 수 있었던 것 같다.

손재주가 있는 사람은 도구를 만들고, 식물에 관심이 있는 사
람은 식용 풀을 찾고, 신체적으로 건강한 사람은 다른 사람의 짐
을 들어주고, 끈기 있는 사람은 단순 작업을 끝없이 해낸다. 사
람들은 내 앞에 놓인 과제를 어떻게든 해결하려고 무의식적으
로 능력을 발휘한다. 탁월하지는 않더라도 남들보다 상대적으
로 잘할 수 있는 능력이 있다면 자연스럽게 사회에서 인정받고
자기 자리를 얻었을 것이다.

어떤 남자는 사냥을 잘하고, 어떤 여자는 바구니를 제일 잘 짜
고 어떤 노인은 부부 싸움의 중재역을 잘하고…. 원시 사회가
유토피아였다고 말하는 것이 아니다. 폭력적이거나 도통 쓸모
가 없어서 사회에서 배제되는 사람도 있었을 것이다. 그렇다 해
도 대부분은 '××의 능력'을 의식하지 않고 매일 그 사회에서 살
아갔을 것이다.

내가 이런 생각을 다시 하게 된 것은 안식 휴가(SABBATICAL.
연구를 쉬는 것이 아니라 연구를 위해 수업이나 회의를 쉬는 기간)로 규
슈에 장기 체재할 때였다. 후쿠오카 현의 이토시마 반도에서 약

4킬로미터 정도 떨어진 곳에 히메시마라는 섬이 있다. 인구 수 150명 정도의 어촌 마을로 항구에 작은 잡화점이 하나 있을 뿐, 편의점이나 슈퍼도 없다. 초등학교, 중학교는 있지만 고등학교는 페리로 15분 정도 걸리는 이토시마 반도까지 통학해야 한다. 이른바 과소 지역이라 현지인들도 '과소화로 어려움을 겪고 있다'고 하지만, 크게 절박해 보이지는 않는다.

일단 마을을 떠난 남자들이 결혼해서 아내와 함께 돌아오거나 여자들이 섬 밖에서 남자를 데려오는 경우도 꽤 있는 것 같아서 사람이 모자라 힘들어한다는 인상은 받지 못했다. 삼치 잡이에 나선 어부는 갓 잡은 삼치를 토막 내 구워 먹으며 "한번 먹어봐요. 우리 생선 정말 맛있죠?"라고 기쁜 얼굴로 말했다. 당연히 도시와 비교하면 불편한 점이 한둘이 아니고 비교하기 시작하면 끝이 없지만, 섬 주민들은 매우 충실한 삶을 살고 있다. 작은 마을에서 자기 능력을 자연스럽게 발휘하며 활기차게 산다. 그런 삶의 방식이 앞으로의 롤모델이 될 수 있다고 느꼈다.

하버드 대학교가 1938년부터 실시한 성인 발달 연구에서도 가족, 친구, 커뮤니티와 연결된 사람은 행복하고 건강하게 장수하는 것으로 나타났다.

고도 지식 사회의 환상에 사로잡혀 있다면 세상은 높은 지능을 갖춘 소수의 엘리트와 그 밖의 많은 평범한 사람만이 있는 것처럼 보일지 모른다. 하지만 실제 사회에는 많은 지역이 존재한다. 그런 의미에서 글로벌 경쟁과 넘치는 정보의 바다에 한 번 빠져 보는 것은 좋은 경험이 될 수 있다. 지방에서 자기 자리가 없다고 느낀 사람은 세계적인 계층 구조 속에서 살아가려 있는 힘을 다해 몸부림치면 된다. 몸부림칠수록 많은 것을 배울 수 있다.

그렇게 했는데 자신이 원하는 사회적 평가를 얻지 못하고 내 자리는 여기가 아니라고 느낄 수도 있다. 그렇다 하더라도 거기서 만들어 낸 지식과 인맥, 경험의 추억을 뒷받침하는 뇌 신경망이 다음 세계를 위한 예측 모델을 만들어 낼 것이다. 그것이 자신이 태어나고 자란 곳에서의 경험에서 만들어진 신경망과 연결될지도 모른다. 그러면 여러분은 다시 한번 자신에게 편안한 곳은 어디인지, 계속해도 힘들지 않은 것은 무엇인지 찾을 수 있다. 어딘지 모르게 지역 상생 비즈니스 같은 이야기로 들릴지 모르지만, 그것에도 분명 이런 생물학적 기반이 있을 것이다. 세계 순위 경쟁 따위는 일조의 쇼에 불과하다. 구경거리로서는 재미있겠지만 우리가 살아가는 실제 사회는 그렇지 않다.

내 안의
작은 재능들을
깨우자

아직 틈새는
많이 존재한다

어떤 사람들은 앞의 질문에 대한 내 대답에 대해 태평하고 낙관적인 소리라고 생각할 것이다.

"기계화와 자동화가 진행되면 결국 공동체를 만드는 일자리가 없어질 텐데?"

"그렇게 따뜻한 공동체가 어디에 있다는 거지?"

"특별한 능력이 없는 나는 결국 악덕 기업에서 혹사당하게 될 거야."

"지방은 인간관계가 너무 끈끈해서 내성적인 나한테는 무리야."

우선 나는 인공 지능을 비롯한 여러 기술들로 인해 인간의 일자리가 사라지는 일은 일어나지 않을 거라고 낙관한다. 지구상에 존재하는 가장 우수한 지능은 인공 지능(AI, Artificial Intelligence)이 아니라 자연 지능(NI, Natural Intelligence), 즉 유전자가 만들어 낸 생명이 영위하면서 생기는 지적 활동이기 때문이다. 인간의 뇌도 그것들 중 하나다.

혁신적인 인공 지능 모델과 로봇을 개발하려면 높은 수학적 능력, 공학적 능력이 있는 인재가 필수적이지만, 그들만으로는 제품을 세상에 내놓을 수 없다. 개발 프로세스가 원활하게 이루어지도록 지원하는 사람들, 시제품과 시험 사용을 하는 사람들, 영업하는 사람들, 또한 서비스와 제품을 현장에 배치할 인력도 필요하다. IT 기술에 익숙하지 않은 고령자를 위한 강좌도 수요가 있을 것이다. 문제가 생길 때 대처할 사람도 필요하고, 사용자의 목소리를 들어줄 사람도 있어야 한다.

새로운 제품과 서비스가 세상에 나오면, 그것들은 곱셈 방식으로 또 다른 일자리들이 생긴다. 가정용 로봇이 대중화되면 분명 스마트폰 케이스처럼 다양한 로봇용 의류가 등장할 것이다. 많은 일이 생긴다는 것은 많은 '틈새'가 생긴다는 것이다. 그 틈새를 메울수록 더 많은 틈새가 생긴다. 돈이 되는 일뿐만 아니라 동호인들이 모이는 커뮤니티도 생길 것이다. 태어난 곳과 다른 곳에서 편안한 틈새를 찾아 그곳에서 동료가 된 사람들과 시간을 보내도 좋고, 스스로 틈새를 만들어 그곳으로 사람들을 불러들일 수도 있다. 창업이라고 할 만큼 거창한 것은 아니더라도 편안한 공동체는 그 자체로 가치가 있다. 최근 화제가 된 '메타버스'가 그런 일자리와 공동체 플랫폼으로 기능할 가능성이 크지 않을까.

아무래도 이야기가 가상 공간에 너무 치우쳐 있다고 느끼는가? 그렇다면 나무나 금속의 1mm의 몇 분의 1에 이르는 두께를 손의 감각만으로 제어하는 장인의 기술을 생각해 보자. 그 기술이 어떤 알고리즘에 의한 것인지 인공 지능에게 학습시키면 인공 지능 로봇이 그 일을 대체할 수 있다. 하지만 최초의 장인 기술 자체는 인공 지능이 아니라 자연 지능, 즉 그 사람의 뇌와 몸이 오랜 경험에 따라 자신의 고유한 유전적 소인을 바탕으로 그 제품을 사용하는 사람들, 그 사람들과 연관된 다른 사람들까지 생각하면서 이건 되고 이건 안 된다는 상상력을 발휘하여 시행착오로 쌓아 올린 것이다. 인공 지능이 그런 일을 할 수 있을까?
연산력과 데이터베이스를 바탕으로 엄청난 전력을 사용해 인공 지능이 하는 날이 올지도 모르지만, 자연 지능은 그런 쓸데없는 일을 하지 않아도 지금 있는 두뇌와 몸만 있으면, 그리고 유전적 소인과 해결해야 할 사회 과제가 잘 맞아떨어지기만 한다면, 성취감과 유능감을 느끼면서 그 과제를 훨씬 효율적으로 해결할 수 있다.

능력주의를 새로운 관점에서 바라보자

'과연 먹고살 수 있느냐가 문제'라는 의견은 타당하다. 일본을 보면 임금이 전혀 오르지 않고 비정규직으로 불안정하고 불합리한 업무를 강요받는 사람이 많다. 의료, 요양, 물류 분야의 필수 인력에 대한 처우도 좋지 않다. 그 일 자체가 아무리 자신의 유전적 소인과 일치한다고 해도 이런 환경은 의욕과 자존감을 떨어뜨린다.

지금 당장 해결하기는 어렵지만, 나는 대부분 과도기적인 문제라고 생각한다. 세계적인 서열에 오른 사람들만이 제대로 생계를 유지할 수 있는 충분한 돈을 벌 수 있다면, 결국 그들이 만든 상품과 서비스를 살 사람이 없어질 것이다.

임금과 보수 격차를 줄이려는 움직임은 이미 곳곳에서 일어나고 있다. 파업과 폭동 같은 형태로 노동자의 불만이 터져 나오는 것도 이미 여러 번 본 광경이다. 일부 경영자는 새로운 대처에 나서고 있다. 그중에서도 유명한 사람이 미국의 신용카드 결제 서비스를 제공하는 그래비티 페이먼트(Gravity Payments)의 설립자이자 최고 경영자인 댄 프라이스(Dan Price)다.

그래비티 페이먼트는 물가가 높은 시애틀에 본사를 두고 있어 직원들에게서 살기 힘들다는 불만이 터져 나왔다. 그러자 2015년 프라이스는 사내 최저 급여 기준을 7만 달러로 설정하고 그와 동시에 그때까지 110만 달러인 자기 급여를 90퍼센트나 삭감했다. 그로부터 6년 뒤, 그래비티의 수익은 3배가 되었고 종업원은 70퍼센트가 증가했으며 고객은 2배로 늘었다. 이것은 능력 있는 인간일수록 높은 임금을 받아야 한다는 능력주의에 대한 강렬한 안티테제다.

단순한 이상주의에 그치지 않고 실제로 이익을 내는 그래비티 페이먼트 같은 기업이 등장함에 따라 능력주의를 새로운 관점에서 생각하는 일이 늘어날 것이다. 나는 모든 사람이 똑같이 대우받아야 하고, 능력이 아무리 떨어져도 상관없다고 생각하지 않는다. 어떤 사람이 그 일에 적성이 맞지 않는다고 판단되면 가급적 빨리 그렇게 알려 주는 것이 그 사람을 위한 행동이다. 그러면 그 사람은 다른 분야에서 적성을 찾을 수도 있다.

내 망상은 이 책이 다룰 수 있는 범위를 넘어설 만큼 부풀어 올랐다. 이제부터는 독자 여러분이 자신이 지금 있는 곳에서 우생 사회를 극복하는 현실적인 방법을 생각하고 실행해 보기 바란다. 마지막으로 망상 하나만 더 이야기해 보자.

당연한 일이지만 어디를 가도 튕겨 나오는 사람도 생길 것이다. 하고 싶은 것이 아무것도 없다는 사람들의 문제도 여전히 남아 있다. 미래에 우리는 행동유전학의 지식을 이용해 이 문제를 지원할 수 있을지도 모른다.

앞에서도 언급했듯이 현재의 능력주의는 사람들의 능력을 큰 덩어리로 분류한다. 만약 직무 적합성에 관해 좀 더 상세한 자료가 있다면 어떨까? 직종과 업무 내용(서비스업·영업 등의 큰 분류가 아니라 구체적으로 어떤 업무를 어떻게 하는지), 학력(출신 대학교가 아니라 무엇을 어디까지 학습했는지의 정보 이력), 지능과 성격 등 능력에 대한 다면적 프로파일, 일에 대한 만족도와 유능감, 부적응감 같은 정서면, 직장 환경 등의 데이터를 집계하여 데이터베이스화한다.

물론 DNA와 뇌의 형태 이미지, 휴식 중인 뇌 활동 데이터도 필요하다. 한편, 우리는 직장도 이런 작업을 하길 원한다, 이런 능력이 필요하다는 상세한 데이터를 제공한다. 양측의 데이터를 기계 학습을 통해 적절한 행동 단위를 수시로 만들어 내고 다유전자 점수를 산출하여 최적의 매칭을 예측한다. 그 매칭 적합도를 검증하면서 더욱 정밀한 매칭을 할 수 있는 시스템을 (여기서부터가 핵심이다) 전 세계 모든 사람의 모든 일에 대해 실시간으로 작동시킨다.

이론적으로, 현실적으로 불가능하지만 이런 지향점을 설정하고 최대한 노력한다면 어쩌면 '당신은 지금 여기 있는 ××라는 일이 적합합니다', '××라는 커뮤니티가 당신에게 적합할 수도 있습니다'라고 제안해 주는 적성 매칭 시스템이 생길 수도 있을 것이다.

이것은 매칭 시스템일 뿐이지 공상 과학 소설에 등장하는 인류를 관리하는 컴퓨터가 아니다. 매칭 시스템이 추천하는 직업에 종사해도 예상과 다른 일이 많이 일어날 것이다(다른 것에 관한 데이터도 제대로 파악하자). 이렇게 하면 자신이 무엇을 해야 할지 모르는 사람들에게 첫발을 내디딜 기회를 제공해 줄 수 있지 않을까?

집중력이 어떻게
재능이 된다는 걸까?

공부뿐만 아니라 어떤 기술을 습득하려면 '집중력'이 필요하다고 한다. 육아서에는 '집중력 향상을 위한 훈련' 같은 내용도 종종 등장한다. 행동유전학의 관점에서 어떤 능력이나 성격도 유전이 40~60퍼센트라고 말했다. 그렇다면 무언가에 집중할 수 있는 집중력 역시 유전적 소인에 기인하는 바가 큰 것일까? 애초에 집중력이란 무엇일까?

성격 연구를 보면 '고집', '열정' 같은 성격 특성이 등장한다. 몇 년 전부터 앤절라 더크워스(Angela Duckworth)의 《그릿》이 주목을 받고 있다. 그릿이란 이른바 해내는 힘, 즉 비인지 능력이다. 어떤 일을 할 때 '그것을 계속하는 것'과 '얼마 안 가 포기하는 것', 시큰둥한 마음으로 혹은 열정적인 마음으로 하는 것의 차이를 나타내지만 일 전반에 대한 집중력과는 좀 다른 의미다.

다시 한번, 집중력이란 무엇일까? 일반 지능에는 전두엽과 두정엽의 동기화라는 중앙 실행계의 생물학적 메커니즘이 존재한다. 과제를 방해하는 자극이 왔을 때 흔들리지 않는 능력, 이른바 억제 기능이 포함되지만 그것이 집중력을 관장하는 유일한 메커니즘은 아닌 것 같다. 나는 집중력이 독립적인 능력이 아니라 행동의 결과라고 생각한다.

어떤 문제 해결을 수행할 때, 다른 것들을 의식에서 배제하고 특정한 정보 처리에만 초점을 맞춘다. 그 상태를 오랫동안 유지할 수 있을 때, 우리는 그것을 집중력이라고 부른다. 이 상태에서는 예측 뇌가 활발하게 작용할 것이다. 예를 들어, 아이가 점토를 반죽해서 사람이나 동물 또는 놀이기구 혹은 자신이 상상한 것을 만든다고 가정하자. 열심히 점토를 둥글게 굴리거나 붙일 때 아이의 뇌에는 엄청난 양의 예측 처리가 이루어진다. 뇌에 생긴 가상 공간의 이미지와 최대한 비슷하게 만들기 위해 '여기에 이 덩어리를 붙이면 되지 않을까? 아니, 이거는 안 됐어. 그럼 이쪽에 다른 모양을 붙여 보자. 아, 그러면 다음에 이렇게 해 볼까?' 이런 식이다.

행위 자체는 조잡하더라도 예측 뇌가 특정 과제에 작용해 '이렇게 하면 될 것 같다'는 시행착오를 계속 반복할 수 있다면 결과적으로 집중하고 있다고 볼 수 있다. 즉, '집중력'이라는 일반적인 능력이 있는 게 아니라 특정 과제를 한눈팔지 않고 계속 대처할 수밖에 없을 때 흔히 '집중력을 발휘한다'라고 한다.

못하는 일을 해내는 데 가장 효과적인 방법

인간은 흥미를 느끼면 그 일을 더하고 싶어진다. 이렇게 되고 싶다고 생각하면 다른 생각을 하지 않고 오로지 그 일만 계속 관여할 수 있다. 성취감과 유능감, 즉 '잘한다'는 감각을 느끼며 저절로 떠오르는 과제에 지속적으로 임한다. 이것을 '집중하는' 상태라고 하며 다른 말로 '몰입(flow)'이라고도 한다.

반대로 집중할 수 없으면 예측이 작동하지 않는다. 결과적으로 뇌가 일을 잘할 수 없는 상태에서 과제를 인식할 가능성이 있다. "그렇게 말씀하셔서도 일단 눈앞에 닥친 과제를 해내야 한다고요!"라는 학생과 직장인들의 비명이 들려오는 듯하다.

현실에서는 잘하지 못하면 당연히 '그 일을 안 해도 된다'로 끝나지 않는다. 냉정하게 들리겠지만 잘하지 못하고 의욕이 생기지 않는다면 하지 않는 것이 상책이다. 그럼에도 불구하고 해야 한다면 어떻게 해야 할까?

어떤 근거가 있는 말은 아니지만, 자신이 잘하지 못하거나 의욕이 나지 않는다는 사실을 솔직하게 받아들인 후, 너무 스트레스받지 않을 정도로 조금이라도 좋으니 일상의 루틴에 집어넣는 것부터 시작해 보자. 아침에 일어나면 10분 동안 그 일을 한다. 일주일, 한 달, 혹은 1년 동안 계속하면 그 일을 조금은 할 수 있게 될 것이다.

2장의 능력에 관한 이야기에서 나온 '능력은 계층 구조로 형성된다'라는 문구를 떠올려 보자. 인간의 능력은 수학, 음악 같은 카테고리만이 아니라 무수히 많은 소소한 특기가 느슨한 계층과 네트워크 구조를 이루며 연결되어 만들어진다. 지금까지 할 마음이 나지 않아 뇌에서 자라지 못하던 새로운 지식을 활용하는 법을 아주 조금이라도 할 수 있게 되면, 그때까지 자신이 좋아서 몰두하던 것과 어딘가에서 연결되는 일이 일어날 수도 있다. 그러면 잘하지 못하던 과제에 대한 관점과 생각이 바뀔 것이다. 그렇게 되면 이제 새로운 국면이 펼쳐진다.

자신이 잘하는 것과 못하는 과제가 그렇게 맞아떨어지는 일은 좀처럼 일어나지 않을 수도 있다. 그러나 자신이 무엇을 좋아하고 잘하는지 평소에 잘 인식하고 있으면 얼핏 보기에 다른 분야도 잘하게 될 수도 있다.

인공 지능의 시대에 인간의 역할을 고민하라

유전과 능력의 문제는 전 세계적으로 점점 더 중요한 주제가 될 것이다. 어떤 사람이 유전적 소인 때문에 불우한 처지에 놓였다면 어떻게 해야 할까? 아무 적성도 찾을 수 없다면 어떻게 해야 할까? 유전적으로 범죄에 취약한 사람들은 어떻게 다루어야 할까? 앞으로 GWAS가 더욱 발전되면 범죄에 관한 다유전자 점수는 한층 정밀해질 것이다. 그렇다면 정부는 범죄 다유전자 점수가 높은 사람을 식별하여 가능한 한 빨리 관리해야 할까?

말할 것도 없이 우리 사회는 매우 불평등하다. 행동유전학은 이러한 불평등의 주요 원인 중 하나가 부모에게서 물려받은 유전자의 조합에 따라 우연히 생성되는 유전적 소인의 차이임을 밝혀냈다. 또 다른 원인은 우연한 환경이다. 유전도 환경도 뽑기이며 그것으로 90퍼센트를 설명할 수 있다.

이 책을 읽고 이렇게 '뽑기'로 가득한 사회에서 앞으로 어떻게 살아가야 할지 무척 불안해진 사람도 있을 것이다. 지능 같은 심리적 능력도 유전의 영향을 강하게 받는다는 사실을 알고 놀랐을 것이다. 그렇지만 안심해도 괜찮다. 이런 책을 읽고 자신이나 아이의 미래를 어떻게든 좋은 방향으로 바꾸고 싶어 하는 것 자체가 이미 특별한 능력이 있다는 반증이다.

나의 유전적 재능은 무엇이고, 어떻게 발전시켜서 활용해야 할까? 자기 능력에만 초점을 맞추면 진정한 의미에서 그 능력을 활용하지 못하는 게 아닐까? 앞으로는 귀찮은 일은 전부 인공 지능에게 맡기고 인간은 기본소득이나 받으면서 좋아하는 일만 하며 살 수 있다고 생각하는 사람도 있다. 그런 미래가 오더라도 우리는 지금처럼 사회적 평가의 차이로 계속 고민할 것이고 그 이면에는 반드시 유전의 영향력이 있다. 우리는 개인의 능력 차이 문제에서 절대 벗어날 수 없다.

호모 사피엔스 특유의 능력은 사회를 형성하고 다른 사람과 협력하며 사는 것이다. 아무리 이기적으로 행동하거나 남에게 피해를 줘도 그 모든 행동은 사회의 이타적 협력 구조 안에서 일어날 수밖에 없다. 그것이 호모 사피엔스의 생물학적 숙명이다. 자신이 흥미를 느끼는 것을 배우면서 사회에서 자기 역할을 발견한다. 동시에 다른 사람이 가진 재능을 발견하고 배운 것을 전달한다. 그것이 먼 미래에 인공 지능은 할 수 없는 인간의 역할이 아닐까?

CHAPTER
5

어떻게
나를
성장시킬까?

지금까지 별로 하고 싶은 마음이 들지 않아

뇌에서 자라지 못하던 새로운 지식을

아주 조금이라도 활용할 수 있게 되면,

그때까지 자신이 좋아서 몰두하던 것과

어딘가에서 연결되는 일이 일어날 수도 있다.

잘하지 못하던 과제에 대한 관점과 생각이 바뀐다.

그렇게 되면 이제 새로운 국면이 펼쳐진다.

생각의 변화가
인생을
좌우한다

평범한 사람의
작은 재능 키우는 법

바이올린이나 피아노 같은 악기, 영어와 중국어 등의 외국어, 체조 수업, 프로그래밍 수업, 과학 교실, 미술 수업 등, 세상에는 아이들을 대상으로 한 배움터가 무수히 많다. 이들은 'ㅇㅇ을 늘리려면 어릴 때부터!', '미래에는 ㅇㅇ가 필요하다!'라는 홍보로 부모를 부추긴다.

"앞으로 영어는 필수고 IT 기술이 있어야 연봉 높은 직업을 가질 수 있다지? 하지만 예술적 소양도 있어야 인생이 풍요로울

거고 몸이 튼튼해야 하니까 운동도 하나는 시켜야 해. 아, 돈이 아무리 많아도 부족해!"

이렇게 고민하는 부모도 많은 듯하다. 어릴 때 여러 경험을 쌓게 하면 재능을 발현할 기회가 늘어나지 않을까? 경제적으로 풍요로운 집안의 아이일수록 삶이 더 유리하지 않을까? 부모가 아이의 교육에 관해 고민하는 것은 아마 이런 생각에서일 것이다. 그러면 많이 배울수록 재능이 발현될 기회가 늘어날까?

2장에서 재능 있는 사람의 세 가지 조건으로 '특정 영역에 적합한 것', '학습 곡선이 가파른 상승 곡선을 그리는 것', '학습하기에 충분한 환경이 주어지는 것'을 꼽았다.

아이의 능력이 '특정 영역에 잘 맞는다'라는 드문 행운이 일찍 발견될 수도 있지만, 이를 위해 이것저것 시키면서 적성을 알아보는 것은 좋은 방법이 아니다. 어릴 때 사교육을 많이 받다가 재능을 발견했다는 증거는 없기 때문이다. 유전적 역량은 어떤 상황에서도 스스로 그것을 키우는 환경을 선택하는 것으로 보인다.

동물의 행동을 연구하여 노벨 생리의학상을 받은 니콜라스 틴베르헌(Nikolaas Tinbergen)의 말처럼 동물 행동학에 뜻을 두는 사람들은 비록 대도시에서 태어나 자랐다고 해도 어릴 때부터 콘

크리트 틈새의 풀에 날아가는 곤충에 자연스럽게 관심을 보인다. 노벨상을 받을 만한 천재적 재능을 말하는 것이 아니다. 장기판에서 한눈에 명인의 허를 찌르는 한 수를 놓는다거나, 한번 들은 곡을 정확하게 재현한다든가, 그런 천재적인 에피소드가 아니라 평범한 사람의 작은 재능을 찾는 방법을 말하는 것이다.

그러려면 서툴러서 잘못하는 것도 여러 번 하게 만들고, 여러 가지를 배우게 해야 찾을 수 있지 않을까? 이렇게 생각할 수도 있겠다. 세상에는 학교 교육과 달리 진정한 문화 환경으로 이끄는 진정한 배움의 장도 종종 있다. 그렇다면 그곳은 교육에 대한 중요한 기회를 제공해 주는 셈이다.

학교 음악 수업에서는 전문 음악인들이 양성되지 않지만, 동네 피아노 교실에서는 세계적인 피아니스트가 될 첫 계기를 만들어 줄 수 있다. 집 근처 체조 교실 선생님이 사실상 정상급 선수여서 아이들에게 그 세계의 매력을 알려 주는 일도 실제로 종종 있다.

배움의 내용이 예능·예술, 스포츠, 어학 등 우리 문화에 '진짜'로서 존재하며, 지도자가 전문가든 아마추어든 해당 분야에 조예가 깊다면 진정한 교육 환경이 제공될 수 있다.

반면 입시 대비를 위해 고안된 방법을 가르치는 학원이나 교실 활동은 평준화된 교육 프로그램에 적응하기 위한 것들이며, 그중 상당수는 문화적 유래가 '진품'이 아니다. 이왕 할 거면 문화적으로 풍요로운 진짜를 경험할 수 있는 수업을 선택하도록 하자. 기본적으로 인간, 아니 생물의 유전적 능력은 피아노나 수영, 주산 등 그렇게 큰 단위에서 발현하지 않는 경우도 많다.

처음에는 건반에서 여러 소리가 나는 것이 재미있어서, 수영장 물에서 몸이 둥둥 뜨는 느낌이 기분 좋아서, 이런 작은 긍정적 경험에서 시작했다가 시간이 지나면서 점차 피아노와 수영 실력으로 발전하는 것이다. 그런 경험은 비싼 수업료를 지불해야만 하는 학원이 아니라 유치원에 있는 피아노나 바닷가 해수욕을 하면서도 얻을 수 있다.

집이 현저하게 빈곤하거나 학대를 받거나 자식이 항상 아픈 부모를 돌봐야 하는 가정이 아니라면(비록 그것이 문제이긴 하지만) 보통은 어린 시절에 어느 정도 풍요로운 환경 속에서 여러 가지 경험의 기회를 제공받는다. 또한 사람은 가난하거나 역경에 처하지 않는 한 정말로 무엇이 필요한지 깨닫지 못하기도 한다.

역경에 처한 사람들은 원하는 것을 당장은 아니더라도 언젠가는 얻을 수 있다는 꿈을 소중히 간직해야 한다. 그 꿈은 예측 기기로서 기능하는 뇌가 보내는 신호일 수도 있다.

갑자기 대형 마트에 가면 의외로 원하는 것을 찾기 어렵다. 오히려 편의점도 없는 마을의 단 하나뿐인 작은 만물상에서 원하는 것을 쉽게 찾을 수 있다. 일단 그곳에서 답을 찾았다면, 그다음에 더 좋은 것을 찾으러 대형 마트에 가면 될 것이다.

지식이 능력이 되는
한 가지 방법

능력은 세세하고 구체적인 일에 특이하게 발현한다기보다, 생물이 주변에 있는 환경을 자기 유전적 소인에 따라 취사 선택한다고 말하는 편이 더 정확할 수도 있다. 호모 사피엔스가 수렵 채집을 하던 시절의 자연환경을 상상해 보자. 사바나와 열대 우림 등 호모 사피엔스를 둘러싼 자연은 캄캄한 밤하늘 가득 빛나는 별들, 변화무쌍한 지형과 날씨, 그곳에 서식하는 많은 동식물 등으로 매우 다양할 것이다.

돌아다니는 것을 좋아하는 아이는 주변에 떨어진 나뭇가지를 주워 휘두르거나, 좋아하는 나무 열매를 찾아서 파묻거나 강에서 물고기를 잡았을 것이다. 운동 신경이 발달한 아이는 벌집을 건드리려고 높은 나무에 올라갈 수도 있다. 호기심 많은 아이는 또래 중 누구도 가본 적이 없는 숲 깊숙이 들어갔을 수도 있다.

수렵 채집민의 생활에서는 어른들이 하는 일도 쉽게 볼 수 있다. 아이들은 남겨진 동물의 발자국에서 어른들이 어떤 동물이 있는지 추측해 사냥하는 모습, 식물의 덩굴을 따서 바구니를 엮는 모습을 일상적으로 볼 수 있었다. 그러면서 어른이 되면 자기 재능을 어떻게 살릴지 구체적으로 이해할 수 있었다.

원시 사회에 비해 현대 사회의 환경은 상당히 추상적인 요소로 이루어져 있다. 예를 들어 도시에는 다양한 건축물과 인프라, 시스템이 존재하지만 예비지식이나 교육 없이 그것들에 어떤 의미가 있는지 이해하기 어렵다. 부모가 보기에는 촬영 스태프 없이 매일 아이에게 첫 심부름을 시키는 것과 마찬가지인데, 이는 아이에게 상당히 힘든 일이다.

오늘날 사회가 인정하는 능력을 키우기 위해서는 추상적인 것을 어느 정도 이해하는 높은 수준의 지적 능력이 있어야 한다. 그렇지만 스스로 흥미를 느끼고 배울 의지를 가지지 않는 한 학교 교육에서 제공되는 학습 기회만으로는 초·중등 교육 단계는 물론 고등 교육 단계에서도 진정 원하는 것을 배우기 어렵다.

경제가 어떻게 돌아가는지, 국가의 의사결정이 어떻게 이루어지는지, 상하수도가 어떤 구조로 되어 있는지에 대해 '나는 스무 살 전에 그 모든 것을 이해했다!'라고 말하는 사람은 거의 없을 것이다. 책으로 읽어서 대략적인 지식으로 알고 있다고 해도 그것이 자기 재능과 상호 작용해서 능력으로 발현되는 것과는 별개의 문제다.

다양한 환경을
경험해 보자

능력을 표현하려면 자연으로 돌아가야 한다는 뜻이 아니다(그렇게 하고 싶은 사람이 있다면 반대하지는 않겠다). 표준화되고 관료적인 교육 시스템에서 아이들에게 고도로 추상화된 지식을 주입한다고 해서 관련된 능력이 편하게 키워지는 것은 아니라고 말하는 것이다.

대자연이 우리에게 주는 생생한 환경적 자극에 비해 현대 사회는 매우 추상화된 지식과 규칙(과학 법칙이나 법률이나 관습)으로 이루어져 있다. 이런 상황에서 이를 잘 활용하는 고도의 능력을 교육만 받으면 획득할 수 있다고 기대하는 것은 무리가 있다.

현대 사회에서도 개인의 유전적 소인은 주변의 사소하고도 구체적인 일과 관련되어 발현된다. 그것을 스스로 인지하고 몰입해 자기 힘으로 키워 내려면 어느 정도 두뇌가 필요하다. 부드러운 쿠션과 딱딱한 벽면의 차이, 실내의 색채와 디자인, 사람들의 말소리와 사물이 내는 소리, 게다가 TV나 스마트폰, 거리의 광고 모니터에서 발신되는 영상과 음악, 주의사항을 적은 글이나 책에 쓰인 글과 그림, 살림 도구와 필기도구, 집 밖에 보이는 공원과 상점, 그곳을 오가는 자전거와 자동차들….

우리 주변에는 실로 다양한 환경이 존재한다. 그것들은 의식하지 않고도 서로의 자질과 상호 작용을 하고 무의식적으로 통계적 확률 계산을 수행해 자기 나름의 세계에 관한 내적 모델을 만들어 낸다.

산속의 텅 빈 독채에서 완전히 자급자족하며 외부 세계와 만남을 끊고, TV도 없고 방문하는 사람도 거의 없는 고립된 환경에서 살지 않는 한, 사람들 대부분은 어느 정도 다양성이 있는 문화적 환경에서 살고 있다. 특히 요즘은 스마트폰에서 유튜브 등 콘텐츠에 쉽게 접속할 수 있다. '하지만'이라고 반박하고 싶을 수도 있다. '경제적으로 부유하면 아이들에게 다양한 체험을 많이 시킬 수 있으니 재능이 발현될 기회가 늘어나지 않을까?' 이런 논리인 것이다.

행동유전학은 사회 계층(사회·경제적 조건)의 능력에 미치는 영향이 일반적인 인식과는 약간 다르다고 말한다. 가정에서의 사회·경제적 조건이 전반적인 능력과 건강에 일정한 영향을 주는 것은 사실이다.

학업 능력과 지능에 공유 환경이 영향을 미치는 주요 요인 중 하나가 가정의 경제적 여유라는 것은 의심의 여지가 없다. 50퍼센트인 유전에 비해 겨우 30퍼센트 정도 영향을 미칠 뿐이며 예술이나 스포츠, 수학 등의 재능에도 공유 환경의 영향은 전혀 없거나 있어도 극히 미미하지만 말이다. 그러나 많이 배울수록 학업 성적이 좋아지거나 어떤 재능이 나타날 확률이 높아진다는 연구 결과는 없다.

부모 뽑기 이야기에서도 언급했듯이, 부유한 가정과 중산층 가정은 환경적 다양성에는 큰 차이가 없으며 어떤 능력을 개발하느냐는 유전적 소인에 크게 좌우된다. 다만 극심한 빈곤이나 학대를 겪는 가정의 경우는 사정이 다르기 때문에 빈곤과 사회적 격차를 해결하기 위한 정책이 매우 중요하다.

남보다 빛나는 능력에 집착하지 않는 법

뇌는 후부대상회에서 정수리에 걸쳐 존재하는 주로 신체적 감각을 관장하는 네트워크가 먼저 발달하고, 그 뒤 전전두피질을 중심으로 한 인지 기능 네트워크가 발달한다. 그다음 스스로에 관한 네트워크가 그 정보들을 통합하며 성장한다.

이러한 뇌의 발달 과정으로 미루어 볼 때, 사람의 능력은 '자신이 경험한 많은 선택지의 기억을 의식적으로 비교하고 그중 어떤 것을 의도적으로 선택하는' 형태로 발현되는 것은 아닌 것 같다. 그게 아니라 '어느 정도 이상의 다양성을 갖춘 환경이 존재하고 거기에 일정 기간 이상 자유롭게 접근할 수 있다면 어떤 능력이 어떤 형태로든 자연스럽게 발현되는 것'이 아닐까?

'어느 정도 이상의 다양성을 갖춘 환경'이라든가 '일정 기간 이상'이라든가 '어떤 형태로든' 등 표현이 애매모호하겠지만, 이러한 조건은 일본의 중하위권 이상의 가정이라면, 또 아이들의 능력 발달을 가로막는 편향된 '교육 방침'(무슨 일이 있어도 명문 3대 의과대학교*에 입학시키겠다, 아버지에 이어 의사를 시키겠다, 세계적인 발레리나로 키우겠다 등)으로 아이를 묶고 있지 않는다면 아마 충족하고 있을 것이다.

이 가설이 맞다면 어떤 사교육을 받고 어느 입구로 들어가는지는 큰 문제가 되지 않는다. 게다가 문화의 입구는 달라도 그 안에서는 연결되어 있다. 처음에는 신체적인 감각에서 능력이 발현된다 해도 조만간 사회적 관계성 같은 추상적인 영역으로 옮겨갈 것이다.

축구공 차는 데만 열중하던 아이가 전술적인 플레이의 재미에 눈을 뜰 수도 있다. 비록 일류 선수가 되지 못할 수도 있지만, 축구를 잘하는 데 도움이 될 만한 도구를 개발할 수는 있다. 다른 사람에게 축구 경기 방법을 가르칠 수도 있고, 축구와 관련된 업종에서 영업이나 마케팅 등 자기 적성을 찾도록 이끌지도 모른다. 얼핏 동떨어진 곳에 자리 잡은 것처럼 보일지 모르지만, 과거 축구에 열중한 경험에서 얻은 지식이 그 안에서 반드시 활용

---

* 게이오기주쿠대학교, 도쿄지케이카이 의과대학교, 일본 의과대학교, 이렇게 일본의 3대 최상위 의과대학교를 가리킨다.

될 것이다.

중요한 것은
진정한 세계를 보는 눈이다

만약 부모라면 아이의 사교육에 긴장할 필요가 없다. 하고 싶다고 하면 보내면 된다. 특별히 갈 곳이나 돈이 없으면 휴일에 잠깐 시간 내서 아이를 직접 상대하는 것도 좋은 방법이다. 아이 자신이 별로 내키지 않아 하는 일을 억지로 시키는 것은 돈과 시간 낭비다.

아이가 흥미를 가지고 스스로 하던 일, 혹은 어쩌다 시작한 배움이 유전적 소인과 맞아떨어진다면 '더 잘하고 싶다', '이보다 어려운 기술과 지식을 배우고 싶다', '같은 관심사를 가진 사람들과 친구가 되고 싶다'는 욕구도 언젠가 생길 것이다. 본격적으로 돈을 들이는 것은 그렇게 재능이 슬쩍 모습을 드러낸 뒤에도 충분하지 않을까?

배움에는 귀천이 없고, 애초에 관심을 가지지 않으면 의미가 없지만, 어떠한 형태로든 '진짜'를 접할 기회는 능력의 발달에 긍정적인 영향을 미치는 것 같다. 앞에서 사교육이 종종 실제 환경 그 자체가 아니며 평준화된 교육 프로그램에 아이를 밀어 넣는 경향이 있다고 했다. 모순적으로 들릴 수도 있지만, 때로는 그 배움이 진짜로 연결되기도 한다.

전통적인 학습, 저변이 넓은 스포츠, 문화 활동은 사교육을 위한 단순한 프로그램이 아니다. 그곳에는 진짜 사회가 존재한다. 축구라면 경기로 돈을 버는 프로 선수와 코치가 있고, 경기를 홍보하는 사람들이 있다. 그 밖에도 관련된 일을 하는 사람들이 있고, 축구를 즐기는 사람들이 있다. 발레나 피아노만 해도 프로 또는 아마추어 연주자, 강사, 콘서트와 음악을 배급하는 사람도 있다.

자기 재능을 최대한 활용해 그 세계에서 활동하는 사람들의 모습을 보며 아이들이 실제로 그 세계의 한 부분을 접하는 것은 단순한 교육 프로그램 이상의 의미가 있다. 현대 사회의 일은 수렵 채집민의 일처럼 이해하기 쉽지 않지만, 배움을 통해 사람들이 어떤 역할을 하고 그들이 어떻게 과제에 대처하는지를 생생하게 볼 수 있다. 기억력이나 자기 통제력 훈련 프로그램 같은 수업도 있지만 이런 것들은 대부분 현실 사회와 연결되어 있지 않고, 능력을 발달시킨다는 측면에서도 별 의미가 없다.

몰입만 해도
능력이
발휘된다

무작위로
다른 곳에 가 보라

SNS에서는 '시골이냐 도시냐'라는 논쟁이 주기적으로 벌어지지만, 시골이라고 말해도 과소 지역인지 지방 도시인지에 따라 상황이 크게 다르다. 당연히 어느 쪽이 좋다고 단순하게 결론을 내릴 수 없다. 그렇지만 여기서는 행동유전학적 관점에서 이동에 대해 생각해 보자.

먼저 '지금 어디에 살고 있는가'보다 여러분이 지금의 환경에 어떤 의미를 부여하고 어떻게 느끼는지가 중요하다. 지금 있는 환경이 도저히 참을 수 없을 정도로 고통스러운가? 만약 그렇다면 무엇이 그렇게 만들고 있는가?

예를 들면 문화적 자극이 적어서일 수도 있다. 패션과 예술, 건축에 관심이 많지만 주변에는 호기심을 채워 줄 만한 것이 없는 것이다. '좀 보고 싶은데?' 정도의 가볍게 끌리는 마음이 아니라 '내가 정말 하고 싶은 ○○이 여기에는 없어!', 혹은 '바로 이 환경에 있는 ××는 나를 망칠 것이다'라고 생각할 정도로 절박한가? 그 정도로 절박하다면 굳이 이 책을 읽지 않아도 이미 스스로 움직이고 있을 것이다.

왠지 모르게 '이대로 여기서 평생을 보내면 후회하지 않을까? 좀 더 나다운 다른 삶이 있지 않을까?' 하는 막연한 느낌이 '시골보다 도시'라는 조바심을 만드는 게 아닐까? 문제는 그 안개가 낀 듯한 막연하고 답답한 느낌의 강도다.

막연하고 답답하지만, 그래도 시골 어딘가에 나름대로 자기 자리가 있어서 굳이 무거운 엉덩이를 들 엄두가 나지 않는다면 그곳이 내 자리라고 인정하고 충실하게 살아가는 것도 좋다. 만약 그 안개 같은 느낌이 아직 실현되지 않은 내적 감각의 목소리처럼 들린다면? 그 목소리에 귀를 기울이고 따라야 할 때가 온 것인지도 모른다.

지금 있는 장소와는 다른 곳에 가서 지금과는 다른 자극을 경험한다고 상상해 보자. 불안함 속에서도 흥분이 되는가? 해방감이 불안을 웃도는가? 그런 건 잘 모르겠다고? 일본에는 '귀여운 자식일수록 여행을 보내라'는 옛말이 있다. 응석받이가 되기 쉬운 귀여운 아이에게 세상의 혹독함을 가르치기 위해 하는 말이라는 것이 정설이다. 이 속담의 현대적 의미는 '진정한 자기 발견'이다. 자기 발견을 위해서 내면을 분석하는 것도 하나의 방법이지만, 여러 곳을 다니며 그곳에 사는 사람의 삶을 직접 보는 것이 오늘날의 '여행'의 의미가 아닐까?

이는 미지의 것에 대해 새로운 정보를 얻는다는 의미이며, 인터넷과 미디어를 통한 가상의 인쇄물·영상·음성 정보에 머무르지 않고 실제 규모와 분위기를 경험하는 것에 의미가 있다. 거기서 자신이 지금 있는 곳과는 다른 곳에 갔을 때 '나의 자리에 대한 느낌'의 실마리를 찾을 수 있을 것이다.

여기서 말하는 여행이란 일종의 비유다. 만약 학생으로서 진학이나 취직을 위해 지금보다 도시와 더 가까운 곳으로 갈 생각이라면 우선 그곳을 방문해야 할 것이다. 이것도 '여행'이다. 이미 일하는 중이라면 갑자기 다른 곳에서 일자리를 구하기가 매우 어려우므로 1년에 몇 번씩은 도시에 나가 보는 것이다.

지금 있는 곳에도 답답함을 느끼지만 어디에 가보고 싶다고 적극적으로 생각하지 않는 사람에게도 그런 '여행'은 추천하고 싶다. 환경은 원래 무작위적인 효과라고 했다. 만약 무작위로 지금과 다른 곳에 가면 우연히 자기 내적 감각에 부합하는 무언가를 마주치거나 지금 있는 곳이 의외로 좋은 곳이었음을 확인하는 계기(나는 이것을 '파랑새 효과'라고 부른다)가 될지도 모른다. 위치를 바꿔봄으로써 지금까지 찾지 못한 자기 유전적 소인을 만날 수도 있는 것이다.

대체할 수 없는 나만의 자리를 찾아라

지금의 환경이 고통스럽고 다른 환경에 긍정적인 느낌이 드는 것은 '예측 뇌'의 작동 때문일 수도 있다. 반대로 지금 있는 환경이 꽤 편안하고 내 자리가 있다고 느껴진다면 '시골 vs. 도시' 논쟁은 심각하게 생각하지 않아도 된다.

인간의 능력은 유전과 환경의 상호 작용으로 발현된다. 지금까지 여러 번 말했지만, 누구에게나 똑같이 작용하는 환경 같은 것은 없다. 누구나 타고난 유전적 소인에 따라 주변에 존재하는 환경을 취사선택하고 상호 작용한다.

능력은 도시의 번화함 속에서만 나타나지 않는다. 도시로 나오자 운명적인 만남을 경험하고 그것을 계기로 '어떤 사람'이 되어 갈 수는 있다. 환경과 유전적 소인의 우연한 조합에 의해 그러한 스토리가 탄생하는 경우도 분명히 있지만, 그와 반대되는

스토리도 있다. 그러므로 유전과 환경의 조합은 '뽑기'라고 밖에
할 수 없는 것이다.

신경증적 경향이 강하거나 새로운 것에 대한 개방감이 낮은
사람은 지나치게 자극적인 환경에서는 과도한 스트레스에 시
달리거나 기회를 인지하지 못할 수도 있다. 이것은 갑자기 거대
한 대형 마트로 가는 것과 같다. 꽤 많은 사람이 도시를 살기 불
편하다고 느낀다. 지금 있는 곳이 쾌적하고 자기 자리가 있다고
느낀다면, 내 능력은 이곳에서 이미 발현되었다고 생각할 수도
있다.

지금은 시골이든 도시든 스마트폰이나 컴퓨터로 세상에 접근
할 수 있다. 특히 SNS에서는 영향력 있는 행동을 하면 '어떤 사
람'으로 인식된다. 그러나 '어떤 사람'이 반드시 성공한 사람은
아니다. 화려한 성공을 거둔 사람이 쉽게 눈에 띌 뿐이다. SNS
속의 가상 세계에서도 결국 중요한 것은 거기 등장하는 사람들
의 현실, 그리고 나 자신의 현실이다.

우리를 둘러싼 환경은 가상으로 바뀔 수 있지만, 우리의 현실
은 대체할 수 없는 자기 유전자에서 유래한다. 내 자리가 있다
고 느낀다면, 이미 유전적 소인이 충분히 발현된 '어떤 사람'이
되었다고 할 수 있지 않을까?

나름의 생활 질서를
만들어야 하는 이유

좋아하는 일에 몰두하는 것은 그 자체로 유전적 소인이 발현된다는 신호다. 몰입 없이는 능력이 발현되지 않으며 남이 보기에 정말 바보 같은 일이어도 그 사람 본인은 거기서 무언가 발견하는 경우가 종종 있기 때문에 걱정해도 소용없다. 그저 지켜볼 수밖에 없는 일이긴 하다.

1장에서도 공유 환경이 개인차에 미치는 영향은 일반적으로 생각하는 것보다 적다고 언급했다. 공유 환경은 아동기의 학업 능력과 지능에 10~30퍼센트 정도 영향을 미치는데, 성격이나 정신 질환·발달 장애에 관해서도 대부분 유전과 비공유 환경으로 설명할 수 있다.

다만 물질 의존, 즉 알코올 중독과 흡연 습관 등에 관해서는 상당히 공유 환경의 영향을 볼 수 있다. 자기 집이나 사는 곳 근처에 술이나 담배가 실제로 있기 때문에 그것에 손댈 수 있는 것이다. 아이를 골초나 알코올 의존증으로 만들고 싶지 않다면 가정 내에서 과도한 흡연과 음주는 삼가는 것이 좋다.

아동기 학업 능력과 지능에 영향이 있는 공유 환경의 구체적인 내용, 어떤 육아가 아이의 지능을 높여 줄지 정확한 부분은 알 수 없다. 그에 관해 연구하지 않아서가 아니라 각각의 요인이 미치는 영향의 정도가 작기 때문에 'ㅇㅇ가 지능을 높이는 데 결정적인 영향을 준다'고 말할 수 없기 때문이다. 예를 들어 우리는 '아침을 제대로 먹는' 습관이 영향을 준다는 연구 결과를 내놓은 적이 있는데 그 효과성은 기껏해야 1퍼센트 정도였다.

지금까지의 연구에 따르면, 아이의 지능과 학력에 효과가 있을 것 같은 요인을 두 가지 들 수 있다. 조용하고 차분한 분위기 속에서 제대로 된 생활을 하게 하는 것과 책을 읽어 주는 것이다. '조용하고 차분한 분위기 속에서 제대로 된 생활을 하게 한다' 정도는 앞서 소개한 카오스 척도로 측정할 수 있고 학업 성적을 5~7퍼센트 설명해 준다. 앞에서 아침밥을 잘 먹인다는 항목도 '제대로 된 생활'에 들어갈 것이다.

확실히 전문가로 활약하는 사람을 보면, 자기 내면에 나름의 생활 질서를 가지고 있는 것처럼 보인다. 작가나 만화가 같은 크리에이터도 영감에 따라 내키는 대로 일하는 것은 아니다. 오래 활동하는 사람일수록 그날의 작업량을 지키는 경향을 볼 수 있다.

방 안을 엉망진창으로 어질러 놓는 크리에이터도 컴퓨터를 들여다보면 놀라울 정도로 깔끔하게 데이터를 잘 관리하기도 한다. 또 하나는 어릴 때 책을 읽어 주었는지 여부다. 일부 연구는 이것도 약 5퍼센트의 설명력이 있는 공유 환경이라는 것을 보여 준다.

몰입하는 힘은
왜 중요할까?

우선 대전제로서, 몰입이라는 상태는 능력을 발현시키는 데 매우 중요한 요소다. 몇 시간이고, 몇 달이고, 심지어 몇 년 동안 특정한 일에 몰입하여 그것에 대해서만 계속 생각한다.

전문 작가들도 어릴 때 갑자기 대단한 글을 쓰지는 않았을 것이다. 많은 책을 읽고 이야기를 상상하고, 생각나는 것을 일기와 노트에 꾸준히 적어 왔을 것이다. 언뜻 보기에 어느 날 갑자기 대단한 재능을 꽃피운 것처럼 보이는 사람이라도 실은 그 전에 뇌의 내적 모델에 의해 그런 이미지 트레이닝을 반복해 왔고, 그로 인해 시작할 때부터 높은 성과를 낼 수 있었을 것이다.

개인적인 경험으로는 초등학교 1학년 때 어머니가 《나는 고양이로소이다》를 읽어 주신 것이 강하게 기억에 남는다. 그 책을 끝까지 읽은 기억은 없지만, 주인공이 동물이라는 점이 묘하게 마음에 들어 다른 이야기를 꾸며내기도 했다. 아버지와 낚시하러 갔을 때 버려진 검정 망둑어를 보고 《나는 검정 망둑어로소이다》라는 소설(고작 원고지 20장 정도지만)을 쓰기도 했고 초등학교 4학년 때는 셜록 홈스에 빠져 반 친구들이 등장하는 탐정물을 쓰기도 했다. 결국 나는 작가가 되지 않았지만 지금도 글쓰기에 거부감이 크지 않다.

같은 업종에 나보다 훨씬 뛰어난 연구 실적을 올리면서도 그것을 문장화하는 것에 서투른 사람도 적지 않은 것을 보면, 재능이라고 하기는 조금 우습지만 내 글솜씨는 분명 어릴 때부터 나름대로 나타났을 것이다. 물론 젊은 나이에 아쿠타가와 상*을 받은 사람들과 비교하면 읽고 쓰는 양이 현저하게 다르다.

문장력에서 세계적 수준과는 거리가 멀지만 이렇게 책을 낼 수 있다는 것은 지역 1위, 아니 지역에서 수준 높은 능력을 발휘하는 것이라고 생각한다.

그런 의미에서 사람은 인생에 적어도 한 번은 어떤 분야에서 자기 재능을 발휘할 잠재력이 있다고 확신한다. 이 '인생에 적어도 한 번'이라는 부분이 핵심이다. 평생 그 세계의 1위를 차지하지 않아도 된다. 인생의 어느 시기에 어느 분야에서 자기 재능을 살려 다른 사람에게 도움이 될 수 있다면 그것이 바로 세상에 태어난 의미가 아닐까? 그런 생각이 든다.

더 나아가 정상에 한 번도 서지 않더라도 이 세상에 태어나 계속 살아가는 것만으로도 가치가 있다. 그것이 모든 것의 출발점이자 종착지이기 때문이다.

사람은 의식적이든 무의식적이든 오랜 시간 혹은 오랜 기간에 걸쳐 몰입하는 경험을 할 수 있다. 그 길에서 인정받는 사람은

---

* 천재 작가 고 아쿠타가와 류노스케를 기리기 위해 창설한 순수문학상. 나오키 상과 함께 일본 문학계 최고 권위의 양대 문학상으로 평가된다.

대개 그 분야의 일에 몰입한 경험을 한다. 또 미래의 직업과 직접 연결되지는 않더라도 그런 경험은 인생을 풍요롭게 한다.

몰입 대상의 기준은 어떻게 정할까?

그렇다면 몰입의 대상은 무엇이든 좋을까? 만약 아이가 비행이나 범죄 같은 반사회적 행위에 몰입한다면 그것을 알아차린 주변 사람들(부모나 교사, 친구들)이 주의를 줘야 한다. 그래도 안 되면 교육 상담사 등 전문가와 협력하면서 그 행위를 그만두게 하고 반사회적이지 않은 다른 행위로 대체시키는 등의 대안을 찾아야 한다. 하지만 많은 부모가 고민하는 것은 하루 종일 유튜브를 시청한다거나 스마트폰으로 소셜 게임에 빠져 있다든가 하는, 도덕적으로는 나쁜 행위가 아니지만 계속 그렇게 해도 되는지 하는 생각이 드는 것이 아닐까 생각한다.

뇌의 발달 과정과 예측 뇌의 이야기를 바탕으로 우리는 몰입을 위한 두 가지 기준을 생각할 수 있다. 하나는 몰입하는 대상이 학습성이 있는 소재인가, 아니면 그저 소비하는 것인가이다. 다른 하나는 진짜와 연결되어 있는가, 아니면 가짜인가이다.

첫 번째를 보자. 능력을 나타내는 것으로 이어지는 무언가에 몰입하는 것은 문제 해결에 몰두하는 상태라고 볼 수 있다. 이미 할 수 있는 일을 기계적으로 반복하는 것과는 달리 흥미를 유발하는 일에 몰두하다 보면 새로운 문제들이 속속 등장한다. 고양이 그림을 그리려고 하면 모양이 비뚤어지거나 색깔이 생각한 것과 다를 수도 있다.

그런 문제를 어떻게 해결하면 좋을까? 붓 바꾸어 보기, 선 긋는 방법 바꾸어 보기, 고양이를 더 자세히 관찰하기, 잘 그리는 사람의 그림을 따라 해 보기, 그림 그리는 법을 설명한 책을 읽어 보기, 그림을 잘 그리는 사람에게 조언을 구하기 등 여러 가지 방법을 시도하게 될 것이다. 이렇게 하나하나 문제를 해결하면서 새로운 지식을 얻게 된다. 이런 학습성 여부는 매우 중요한 포인트다.

한편 학습성이 없는 몰입으로 물질 의존을 들 수 있다. 바로 술, 담배, 마약이다. 와인을 비교해 와인의 산지나 제조법에 대해 지식을 얻고 파고들면 괜찮지만, 알코올 중독이 되어 어쩔 수 없이 마시는 사람은 술을 찾아도 더 좋은 술에 대한 지식을 구하지는 않는다. 알코올이 들어 있으면 무슨 술이든 좋은 상태에서는 새로운 지식을 학습할 수도 없다.

도박 중독에도 같은 것이 적용된다. 확률을 계산해 게임을 공략한다면 모를까, 빚을 지고 회삿돈이나 자녀 교육비까지 손댈만큼 도박에 빠져 있을 때는 뇌의 단순한 보수계는 작동하지만 예측 뇌에 기반한 학습이 작동한다고 볼 수는 없다.

두 번째로는 그것이 진짜와 연결되어 있는가 여부다. 이는 '배움'이라는 질문에 대한 답으로도 해석할 수 있는데, 그 영역을 만들어 내는 문화적 지식의 축적과 현실 세계의 사회·경제적 기반이 얼마나 있느냐는 것이다. 다양한 산업 분야와 학문, 예술, 스포츠 등 전통적인 문화 영역이 이에 해당한다.

장기와 바둑은 단순한 게임에 불과할지 모르지만, 아마추어부터 프로에 이르는 많은 사람이 참가하여 즐기고 심오한 분야로, 결코 현실 사회와 무관하지 않다. e스포츠, 메타버스, 유튜버 등과 같이 가상현실 세계에서 갑자기 만들어진 새로운 영역도 원래는 현실 공간에 있던 것들이 가상 공간에서 재현된 것이며, 이제 프로가 생겨나고 많은 입문자가 실력을 겨루며 엔터테인먼트로 즐기는 문화가 형성되었다. 이 세계의 장래는 아직 모르지만, 거기서 뛰어난 인재가 재능을 꽃피우고 누구에게나 존경을 받을 수 있는 문화 영역이 되다면 '진짜'가 될 것이다.

진짜에는 돈이나 지위를 대신할 수 없는 확실한 가치와 그것이 주는 깊은 감동이 있다. 한정된 영역에서 참가자가 기계적으로 루틴을 수행하기만 하면 되는 것과는 다르다. 만약 유전적 소인이 이 분야에 있다면, 우리 뇌는 그 감동을 알고 있을 것이다. 그 세계의 '진짜'로서 그 문화를 높이는 데 기여할 수 있을지도 모른다. 그러므로 몰입 대상이 게임이니까 안 된다고 반대하는 것은 이치에 맞지 않는다.

문제는 뇌의 보수계*를 교묘하게 자극하는 게임이나 서비스가 있다는 점이다. 게임 자체는 학습성이 있어도 '환경 뽑기', '유전 뽑기'에 의해서 학습성이 없고 단지 도박 같이 의존적인 루틴으로 돌아가는 일도 있을 수 있다.

게임이나 서비스에 따라 그 정도가 다르고, 원래 실제 활동에도 그런 위험은 얼마든지 존재한다. 강의, 학교, 금융 거래 등에도 사람을 현혹하는 수상쩍은 요소가 있으며 내용이 흠잡을 데없이 좋아도 사용자마다 다른 영향을 받는다. 행동유전학적으로 도출한 결론은 아니지만, 아이가 소셜 게임에 빠져서 걱정이라면 부모가 같이해 보는 것은 어떨까?

덮어 놓고 아이가 하는 일에 반대하는 것이 아니라 관심을 가져 보는 것이다. 그러면 아이가 지나치게 몰입하는 이유를 이해할 수도 있고, 부모와 자녀 간의 새로운 의사소통이 생기기도 한다. 단지 '게임 좀 그만하고 공부나 해라'라거나 '학교에 가라'는 식의 일방적인 관계가 아니라 평소 부모의 관심을 바탕으로 서로 공감대를 형성한 부모 자식 관계로 이어지지 않을까?

---

* 보수계란 자극을 받으면 활성화되어 쾌감을 느끼고 행동하는 데 필요한 의지와 의욕을 생성하는 신경 영역의 일부를 말한다.

특출난 재능은
많지 않다는 걸
기억하자

'지금, 여기, 이것'의 영향력을 기억하자

부모의 경제력이나 사회적 지위는 전반적으로 자녀의 생활과 학력에 분명히 영향을 준다. 설명률로 환산하면 10퍼센트 정도이며 '책을 읽어 주는 것'이나 '카오스' 척도에 비해 상당히 영향력이 크다는 것을 알 수 있다.

가정의 사회 계층(사회·경제적 상황)과 학력의 관계를 조사한 연구로, 오차노미즈 여자대학교의 《2013년도 전국 학력·학습 상황 조사(세밀한 조사)의 결과를 활용한 학력에 영향을 주는 요인 분석에 관한 조사 연구》가 있다. 이 연구는 '교과와 문제의 차이를 불문하고, 초등학교와 중학교 모두에서 사회 계층이 높은 보호자의 자녀일수록 학력 검사 정답률이 높은 경향을 보였다', '초등학교와 중학교를 비교하면, 전자가 다른 변수를 통제한 후에도 사회 계층 점수의 영향력을 강하게 인정받았다. 자녀의 연령이 상대적으로 낮을수록 학부모의 사회·경제적 배경의 영향을 강하게 받는다는 것을 예상할 수 있는 결과'라고 나온다. 확실히 사회 계층이 높을수록 학력이 높은 경향을 보인다.

오차노미즈 여자대학교의 연구는 학력을 대상으로 한 것이지만 체력에 주목한 기사도 있었다. 교육 사회학자 마이타 도시히코(Maita Toshihiko)가 발표한 〈왜 부유층의 아이는 변두리 지역의 아이보다 운동 능력이 높은가〉에서는 '도쿄 거주 아동, 학생의 체력, 운동 능력, 생활 습관과 운동 습관 등 조사'라는 도쿄도가 실시하는 체력 검사 결과와 도내 23구의 주민 평균 연소득과의 관계를 조사했다.

초등학교 4학년 남자아이의 체력 측정값과 평균 가구 연소득으로 그래프를 그리면 오른쪽 위에는 주오 구, 미나토 구, 지요다 구가, 왼쪽 아래에는 아다치 구, 아라카와 구가 등장하며 상관 계수는 0.75이다. 평균 세대 연소득이 높은 구일수록 아이의 체력도 높다는 말이다.

'학업뿐 아니라 체력에 관해서도 이런 결과가 나오다니, 이게

다 소득 때문인가' 하고 우울해하는 사람도 있을 것이다. 그렇다면 이러한 결과를 행동유전학적으로는 어떻게 생각하면 좋을까? 경제적으로 여유 있는 쪽이 학업과 스포츠에 관해서도 학습 환경의 양과 질 모두 상대적으로 좋아질 확률이 높아지므로 이 결과는 충분히 있을 수 있는 일이다. 그러므로 경제적 격차 해소는 정치적 과제로서 정책적으로 접근할 필요가 있다.

그렇지만 경제적 격차가 해소된다고 해서 학력과 운동 능력의 격차가 완전히 없어지지는 않는다. 스포츠에서도 유전의 영향을 무시할 수 없기 때문이다. 지능의 경우 유전 50퍼센트, 공유 환경이 20퍼센트, 비공유 환경이 30퍼센트다. 스포츠는 종목에 따라 차이가 있지만 악력은 약 80퍼센트가 유전이고, 윗몸일으키기와 오래달리기에서는 대체로 유전 30퍼센트, 공유 환경 30~50퍼센트, 비공유 환경이 20~30퍼센트 정도의 영향을 미친다고 보고되었다. 그렇다고는 하지만 유전의 영향을 볼 수 없는 종목도 있고, 50미터 달리기나 멀리뛰기, 공 던지기에서는 공유 환경이 70~80퍼센트를 차지했다.

지능에 비해 스포츠는 유전적인 영향이 약간 적고 반대로 공유 환경의 영향이 증가했다. 이것은 교과 공부는 잘해야 한다고 생각하고 부모가 열심히 시키거나 아이가 스스로 노력하는 경우가 많지만, 운동에 관해서는 어떤 부모는 운동을 잘하지 못해도 상관없다고 생각하고 어떤 부모는 운동을 좋아하고 운동하는 습관이 있기 때문일 것이다. 이러한 가정 간의 차이가 공부와 지능 이상으로 영향을 크게 미치는 것이다. 데이터는 없지만 음악 같은 예술·예능도 이와 비슷한 경향을 보일 것이다. 학업과 스포츠는 어느 정도 공유 환경의 영향을 받지만…. 앞의 '교사 뽑기'에서도 언급했듯이 좋은 학교와 좋은 교사의 영향은 영구적이지 않다. 학교를 졸업하거나 그 교사와 헤어지면 효과가 점점 사라진다. 환경의 영향은 기본적으로 '지금, 여기, 이것'에 관한 것임을 잘 기억하자.

재능이 없는 일을 하는 것은 무의미할까?

그렇다면 모든 것은 결국 유전으로 결정될까? 그렇다고 할 수 없는 것이 골치 아픈 부분이다. 학업과 스포츠에서는 가장 능력이 큰 사람과 없는 사람을 비교하면 차이가 두드러져서 유전적 소인의 차이가 뚜렷이 보인다. 그야말로 압도적으로 재능 있는 사람이라면 어떤 학교에 다니건, 어떤 교사에게 배우건 그 길을 찾아갈 것이다. 중간 정도의 능력이 있는 사람들을 대상으로 능력과 유전, 가구 연소득의 연관성을 조사하면 느슨한 상관관계는 있어도 그렇게 명확하지는 않다.

10점 만점에 10점 정도의 재능 있는 사람이라면 그 분야의 전문가가 되고 4점 이하면 애초에 그 길로 가려고 하지 않는다. 그렇다면 7점 정도의 조금은 할 수 있는 사람은 어떨까? 그냥 두면 5~6점 정도가 되어버리지만, 돈을 들여 좋은 교사를 만나면 8점으로 올라가 어렵게나마 전문가의 세계에 입성할 수 있을지도 모른다. 이런 일이 사회에서 실제로 일어나고 있다.

　개인의 능력은 여러 요인의 약한 조합으로 결정되며, 대부분의 개별 요인들은 상가적, 즉 종합적으로 작용한다. 분명히 말하자면, 재능 있을 때 돈을 들이면 그 능력을 더 높일 가능성이 있다. 재능이 없어도 돈을 들이면 능력이 커지지만, 원래 재능 있는 사람의 상대가 되진 않는다. 그래도 그렇게 함으로써 자신이 갈망하는 분야의 정상을 가까이서 볼 수 있고 어쩌면 스포트라이트를 받을 수도 있다. 문제는 앞서 말했듯이, 그 성과가 영구적이지 않다는 것이다.

　삶에는 예측할 수 없는 행운과 불운이 존재한다. 타고난 재능을 보면 야구에 적합하지만 축구를 너무 좋아해서 열심히 한 아이는 축구에 소질이 있지만 별로 열심히 하지 않는 아이를 제칠 수 있을 것이다. 이렇게 능력에는 다양한 요인이 영향을 미치지만, 그러한 개인적인 운까지 예측할 수는 없다. 통계적으로는 유전적으로 재능 있는 아이에게 돈을 들이는 것이 더 나은 성과를 낼 확률을 높인다고 말할 수밖에 없다.

어떤 스포츠에 대한 유전적 소인이 있는 사람이 있다고 가정하자. 내적 감각으로 본인이 자기 재능을 인식하는 단계까지 가더라도, 다른 사람들에게 그 재능을 인정받는 기회가 주어질지는 운에 달렸다. 올림픽 경기가 열리거나 하면 각자의 운에 맡기지 않고 젊은 선수들을 육성할 목적으로 스포츠 교육이 활발해지기도 한다. 문호가 넓어져 많은 아이가 다양한 스포츠를 쉽게 경험할 수 있는 것 자체는 바람직하다. 그러나 어떤 단계에 도달할지는 운에 달려 있으며 유전자 진단으로 알 수는 없다.

또, 나는 재능 없는 사람이 어떤 일에 도전하는 것을 헛수고라고 생각하지 않는다. 세상의 모든 지식은 어떤 형태로든 연결되어 있으므로 도전이 내면의 다른 능력을 일깨우는 계기가 될 수도 있다. 재능이 없기 때문에 재능 있는 사람이 얼마나 대단한지 깨닫고 그 분야의 좋은 후원자가 되는 일도 많이 일어난다.

내가 초등학생일 때 같은 반 친구 중 운동 신경이 대단히 뛰어난 남자아이가 있었다. 농구를 비롯한 모든 스포츠를 잘했고, 여자아이들에게 인기도 많았다. 솔직히 나는 그 친구를 별로 좋아하지 않았다. 그런데 중학교에 올라가 보니 운동을 잘하는 다른 학생들이 많이 들어왔다. 내 친구는 그 속에서 점차 존재감을 잃더니 동아리 활동에서 주전 선수도 되지 못했다. 나는 그 친구에게 연민을 느꼈다.

그로부터 수십 년 후 만난 그 친구는 농구를 계속해서 고등학교 체육 교사가 되어 있었다. 친구는 기쁜 표정으로 고문을 맡은 팀이 처음으로 지역 사회의 대회에 나갈 수 있게 되었다고 말했다. 그의 삶을 바라보면서 나는 초등학교 때는 느끼지 못한 존경심이 절로 생겼다. 재능을 살린다는 것은 바로 이런 것임을 절실히 느꼈다.

어떤 사람들은 반짝이던 아이가 결국 프로가 되지 못한 것을 좌절로 받아들일지도 모른다. 그러나 비록 정상급에 들지 못하더라도 자신이 미친 듯이 좋아하는 스포츠를 평생의 직업으로 삼고, 그곳에서 인재를 양성하고 성과를 낼 수 있다는 것은 역시 재능이 있기에 가능한 일이다. 그런 관점에서 보면 이렇게 재능을 발휘하는 사람들의 작지만 탄탄한 업무 성과가 우리 사회를 지탱하고 있음을 알 수 있다.

'하고 싶은 게 없다'는 사람의 세 가지 유형

"하고 싶은 일이 전혀 없어."

"나는 잘하는 게 하나도 없어."

젊은 세대로부터 이런 말을 종종 듣는다. 이렇게 말하는 사람들에게는 몇 가지 유형이 있다.

첫 번째 유형은 유전적 소인과 환경이 적절하게 부합하지 않는 경우다. '하고 싶은 일이 있는' 사람은 자기 생활공간에서 어떤 '이것'을 느끼고 앞으로 나아가고 싶고 알고 싶다는 내적 감각을 느낀다. 하지만 불행히도 뇌의 내적 모델과 환경이 잘 조율되지 않을 수도 있다. 뭔가 하고 싶은 마음은 강하게 있지만 그것이 뭔지는 모른다. 여기가 아닌 어딘가에 뭔가가 있을 것 같은데⋯⋯.

이럴 때 앞에서 이야기한 '귀여운 아이(자신)는 여행을 시켜라'가 도움이 된다. 그것이 공간적 이동인지, 같은 장소에 머무르면서 지금과는 전혀 다른 분야를 경험하는 비유적인 의미인지는 따지지 않겠다. 반드시 발견한다는 보장도 없지만 우연을 믿고 '움직여' 보는 것이다. 행동유전학을 운운하지 않아도 당연한 일이라고 여길 수도 있겠지만, 이런 '무엇인가'와의 만남도 유전의 영향을 받는다.

어떤 일란성 쌍둥이 한 쌍한테서 들은 이야기인데, 둘 다 대학교에 들어갈 때까지 '여기가 아니야', '뭔가 달라'라는 우울한 기분이 들었다고 한다. 그러던 중 우연한 계기로 한 사람이 영국에 갔다가 골동품 가게에서 발견한 카메라에 홀딱 반해서 사진을 많이 찍었다. 그곳에 나중에 놀러 간 쌍둥이 형제도 그 사진을 보자마자 '내가 해야 할 일은 이것'이라고 확신했다. 결국 둘

다 사진 분야에서 일하게 되었고, 이제는 '삶의 초점이 맞는 것 같다'고 말한다. 일란성 쌍둥이 두 명이 그토록 똑같이 빠져든 것을 보면 유전적 소인이 연관된 것으로 보인다.

두 번째 유형은 보통 심리학에서 말하는 '셀프 핸디캡핑(Self handicapping)' 상태인 사람이다. 실패해도 자존심이 상하지 않도록 예방선을 쳐두는 것이다. 하고 싶은 일이 있긴 하지만 남들의 웃음거리가 되는 것은 견딜 수 없다는 기분이 되는 것은 이해할 수 있다. 지금은 SNS에서 모든 분야의 글로벌 1위를 쉽게 볼 수 있는 시대다. 노래도 춤도 대화도 일러스트도 달인 수준의 콘텐츠가 당연한 것처럼 타임라인을 통해 흘러든다. 트윗 하나에도 잘하는 사람은 실로 재치 있는 말을 하기 때문에, '그에 비하면 나는……'이라며 우울해진다. 글로벌 1위와 비교하면 자기 능력이 떨어진다는 느낌을 받을 수밖에 없다.

만약 하고 싶은 것이 있다면 글로벌 1위와 스스로를 비교하지 말아야 한다. 일러스트를 그리고 싶다면 비록 잘하지 못하더라도 일단 그려 보자. 한동안 계속 그려 보자. 매일 그리고 일주일 전의 나, 한 달 전의 나, 1년 전의 나와 비교해 본다. 약간의 성공 체험을 거듭하면서 자신이 성장하고 있다는 느낌을 얻자. 그렇게 셀프 핸디캡핑을 조금씩 해제하는 것이 낫지 않을까? 그러다 보면 당신 주변 사람들로부터 인정받게 될 것이다. 어느 순간 주위를 둘러봤더니 자신이 글로벌 1위가 되었더라는 일도 일어나지 말라는 법이 없다. 모든 재능은 보통 처음에는 그런 로컬 1위의 자리에서 시작하는 법이다.

세 번째, 약간 흥미로운 것이 몇 가지 있긴 하지만 '이거'라는 느낌이 들지 않고 잘 맞지도 않는다. 능력이 뾰족한 산처럼 두드러지지 않고 완만한 기복이 이어진다. 이 유형이 가장 일반적일 수 있다. 이렇게 말하는 나 자신이 이런 유형에 속할 것이다. 대학교 문학부에 들어가 심리학, 철학, 교육학에 약간씩 관심을 가졌지만 '바로 이거!'라는 느낌이 없어서 열심히 하지 못했다. 이른바 스튜던트 에퍼시(Student Apathy)* 상태에 빠져 정신과에서 약을 처방받기도 했다. 이 증상은 생각보다 오래 지속되었고 나는 그 상태에서 빠져나가지 못해 발버둥 쳤다.

그때 눈길을 끈 것이 '스즈키 메서드'의 창립자 스즈키 신이치(Suzuki Shinichi)가 쓴 책이었다. 스즈키 메서드는 '재능은 타고나지 않는다'라는 생각에 근거한 조기 바이올린 교육 프로그램이다. 원래 피아노 치는 것을 좋아했기 때문에 여러 문헌을 읽다 보니 유전과 환경의 관계를 생각하기 시작했고, 대학원에 진학해 연구를 계속하게 되었다.

내가 대학원에 진학한 1981년에는 유전에 대해 터놓고 말하

---

* 오랜 수험 공부에서 해방된 학생들에게 보이는 무기력증을 나타내는 정신과 용어.

는 것이 금기시된 분위기였다. 교육학에서도 유전을 연구하는 사람은 없는데도 왠지 '나는 유전에 관해 이야기할 수 있을 것 같다'는 느낌이 들었다. 플라톤, 아리스토텔레스, 루소, 칸트, 듀이 등 철학적 명저를 잘 모르는 상태에서 읽어도 모든 책에는 반드시 출생과 유전에 관한 설명이 나온다. 유전을 연구하는 것이 학문의 왕도가 아닐까, 그러한 감각이 내 안에서 자라났다.

이런 내 경험으로 볼 때, 나는 '완만하고 낮은 기복이라도 올라가 보자'고 말하고 싶다. 낮아서 눈에 띄지 않을 정도의 기복이라도 일단 올라가 보자. 올라가다 보면 아주 조금 다른 풍경이 보일 수도 있다. 다른 풍경이 보이기 시작했다면 조금만 더 올라가 보자는 생각이 들 것이다.

미디어의 발전 덕분에 오늘날의 세상은 오직 뛰어난 재능만 눈에 띄게 되었다. 확실히 압도적인 재능을 가진 사람들이 있지만, 그들만 세상에서 활약하고 있는 것은 아니다. 갑자기 100만 명 중 한 명인 '누군가'를 목표로 삼는 것은 무리가 있다. 흔히 말하는 것처럼 100명 중 한 명 정도의 능력이 세 개 있다면 100의 3제곱으로 100만 명 중 한 명의 인재가 될 수 있다. 게다가 그것은 전 세계에서 100만 명 중 한 명일 필요가 없다. 지금 있는 학교의 반, 우연히 배속된 회사 사업부서에서 자기 나름의 특기와 관심사를 몇 가지 발휘할 수 있다면 그것만으로 충분히 '누군가'가 되었다고 말할 수 있을 것이다. 그것이 바로 로컬 1위다.

운명을 뛰어넘는 힘

기회를 포착하고
더 큰 미래를 놓치지 않는 힘

태생이란 유전과 가정 환경(공유 환경)을 합친 것이며, 지적 능력과 학력의 경우 양쪽을 더하면 80~90퍼센트에 이른다.

이 모든 것은 본인에게는 뽑기이며 자기 의지로는 어쩔 수 없는 우연이다. 더구나 이 세상에 태어난 것을 물릴 수도 없고 어쩌다 경험하는 우연한 일들도 뽑기라 할 수 있다. 자기 의지나 교육, 정책으로 통제할 수 있는 것은 나머지 10퍼센트에 지나지 않는다.

그렇다고 하여 인생을 포기할 수는 없지 않겠는가? 나는 이 책을 통해 이런 이야기들을 전하고 싶었다. 이 책을 통해 자기 안의 긍정감을, 스스로 꿈꿀 수 있는 희망을 찾기를 바랐다.

지난 책에 이어 이번에도 작가인 야마지 타츠야(Yamaji Tatsuya) 씨의 도움을 받았다. 야마지 씨 자신이 전작 이후 이 주제에 대단히 흥미를 갖게 되었고 편집자인 와타나베 유키(Watanabe Yuki) 씨와 함께 유전과 능력, 교육을 둘러싼 다양한 질문 폭탄을 연달아 던졌다. 그에 답하기 위해 행동유전학의 최신 논문과 자기 연구로 알게 된 과학적 근거뿐 아니라 아직 공부 중인 뇌 과학 지식, 나아가 개인적 경험과 평소의 생각들을 총동원하여 흥미진진하게 논의하고 싶은 주제를 엮은 것이 이 책이다.

다시 읽어 보면 '내가 말을 너무 많이 했나, 좀 더 신중한 논조로 쓰는 편이 낫지 않았을까' 하는 생각이 들기도 한다. 아마도 나 혼자 썼다면 절대 이런 형태로 쓰지 못할 것이다. 예전에 야마지 씨와 함께 작업할 때는 다른 작가의 도움 없이 혼자서 책을 쓰지 못한다면 성실한 연구자가 아니지 않을까 하면서 자책하기도 했다. 하지만 자기 전문 분야가 아님에도 그 분야의 주제에 관심을 가진 사람들에게 질문 공세를 받고, 그 질문을 바탕으로 문장을 쓰고 그 문장을 다시 손보면서 책을 만드는 묘미를 경험한 뒤 그 일에 '빠져들고' 말았다. 출판 기회를 주신 야마지 씨와 와타나베 씨, 그리고 SB크리에이티브에 감사드린다.

학습·교육과 뇌 과학을 둘러싼 논의는 전(前) 산업기술종합연구소의 니키 가즈히사(Niki Kazuhisa) 선생과 쇼와 여자대학교의 유루리 마코토(Yururi Makoto) 선생과 함께 매월 인액티브 브레인(enactive brain) 연구 미팅에서 토론하며 얻은 지식을 바탕으로 확대해석했다. 또한 신세를 진 규슈대학교의 하시야 가즈히데(Hashiya Kazuhide) 교수님은 규슈대학교 교수진들과 함께 '사회와 교육의 생물학적 기반 연구회'를 설립하여 평소 들을 일이 별로 없는 유전과 진화, 교육이라는 주제에 대해 직접 논의할 기회를 주셨다. 게이오기주쿠대학교에서 쌍둥이 연구 프로젝트를 함께 진행하는 동료 연구원, 어시스턴트, 그리고 협력해 주신 쌍둥이 여러분 덕분에 행동유전학을 계속 연구할 수 있었다.

우리 연구 프로젝트는 과학연구비와 JST* 등 다양한 연구 자금과 그에 따른 사무를 담당하는 게이오기주쿠대학교 학술연구지원 분들의 지원에 뒷받침되어 왔다. 또한 신문을 구석구석 읽는 아내와 대화하면서 상아탑에서의 연구와 사회와의 관계를 생각하는 힌트를 얻을 수 있었다. 이 모든 분에게 다시 한번 감사의 말씀을 드린다.

이 책을 읽고 비판 혹은 의구심을 갖는 분도 있을 것이다. 그에 대한 모든 책임은 전적으로 나에게 있다. 오히려 그 비판과 의구심이 이 책의 주제에 대한 논의로 이어지기를 저자로서 기대한다.

* 국립연구개발법인 과학기술진흥기구(약칭 JST).

1. 마이클 샌델 (2020). 공정하다는 착각. 와이즈베리

2. 존 롤스 (2003). 정의론. 이학사

3. Dubois, L., et al. (2012). Genetic and environmental contributions to weight, height, and BMI from birth to 19 years of age: An international study of over 12,000 twin pairs. PLOS ONE, 7(2), e30153

4. Reed, T., Viken, R.J., & Rinehart, S.A. (2006). High heritability of fingertip arch patterns in twin-pairs. American Journal of Medical Genetics 140A:263–271 https://www.researchgate.net/publication/7361417

5. Chipuer, H.M., Rovine, M.J., & Plomin, R. (1990). LISREL modeling: Genetic and environmental influences on IQ revisited. Intelligence, 14(1), 11-29

6. Haworth, C.M.A., Wright, M.J., Luciano, M., Martin, N.G., et al. (2010). The heritability of general cognitive ability increases linearly from childhood to young adulthood. Molecular Psychiatry, 15(11), 1112-1120

7. Kovas, Y., Haworth, C.M.A., Dale, P.S., & Plomin, R. (2007). The genetic and environmental origins of learning abilities and disabilities in the early school years. Monographs of the Society for Research in Child Development, 72(3), vii, 1-144

8. Shikishima, C., Ando, J., Ono, Y., Toda, T., et al. (2006). Registry of adolescent and young adult twins in the Tokyo area. Twin Research and Human Genetics, 9(6), 811-816

9. Sullivan, P.F., Kendler, K.S., & Neale, M. (2003). Schizophrenia as a complex trait evidence from a meta-analysis of twin studies. Arch Gen Psychiatry, 60(12), 1187-1192

10. Ronald, A., Happé, F., & Plomin, R. (2008). A twin study investigating the genetic and environmental aetiologies of parent, teacher and child ratings of autistic-like traits and their overlap. European Child & Adolescent Psychiatry, 17(8), 473-483

11. Thapar, A., Harrington, R., Ross, K., & McGuffin, P. (2000). Does the definition of ADHD affect heritability? Journal of the American Academy of Child & Adolescent Psychiatry, 39(12), 1528-1536

12. Ono, Y., Ando, J., Onoda, N., Yoshimura, K., et al. (2002). Dimensions of temperament as vulnerability factors in depression. Molecular Psychiatry, 7(9), 948-953

13. Kendler, K.S., Prescott, C.A., Neale, M.C., & Pedersen, N.L. (1997). Temperance board registration for alcohol abuse in a national sample of Swedish male twins, born 1902 to 1949. Archives of General Psychiatry, 54(2), 178-184

운명을 뛰어넘는 힘

14. Maes, H.H., Neale, M.C., Kendler, K.S., Martin, N.G., et al. (2006). Genetic and cultural transmission of smoking initiation: An extended twin kinship model. Behavior Genetics, 36(6), 795-808

15. Young, S.E., Soo, H.R., Stallings, M.C., Corley, R.P., et al. (2006). Genetic and environmental vulnerabilities underlying adolescent substance use and problem use: General or specific? Behavior Genetics, 36(4), 603-615

16. Eaves, L.J., Prom, E.C., & Silberg, J.L. (2010). The mediating effect of parental neglect on adolescent and young adult anti-sociality: A longitudinal study of twins and their parents. Behavior Genetics, 40(4), 425-437

17. Lyons, M.J., True, W.R., Eisen, S.A., Goldberg, J., et al. (1995). Differential heritability of adult and juvenile antisocial traits. Archives of General Psychiatry, 52(11), 906-915

18. Xian, H., Scherrer, J.F., Slutske, W.S., Shah, K.R., et al. (2007). Genetic and environmental contributions to pathological gambling symptoms in a 10-year follow-up. Twin Research and Human Genetics, 10(1), 174-179

19. Cronqvist, H., & Siegel, S. (2010). The origins of savings behavior. AFA 2011 Denver Meetings Paper. http://aida.wss.yale. edu/~shiller/behfin/2010_10/conqvist-siegel.pdf

20. Camerer, C.F. (2003). Behavioral game theory: Experiments in strategic interaction. Princeton, N.J.: Princeton University Press

21. Cesarini, D., Dawes, C.T., Johannesson, M., Lichtenstein, P., et al. (2009). Genetic variation in preferences for giving and risk-taking. The Quarterly Journal of Economics., 124(2), 809-842

22. Cesarini, D., Johannesson, M., Lichtenstein, P., Sandewall, Ö., et al. (2010). Genetic variation in financial decision-making. The Journal of Finance, 65(5), 1725-1754

23. Mustanski, B., Viken, R.J., Kaprio, J., Winter, T., et al. (2007). Sexual behavior in young adulthood: A population-based twin study. Health Pychology Journal, 26(5), 610-617

24. 사사키 쇼코, 야마가타 신지, 시키시마 지즈루, 오자키 고켄 등. (2009). 성 역할 검사(BSRI)의 개인차에 미치는 유전적 성 차이 및 환경적 성 차이에 관한 심리학 연구. 80(4), 330-338

25. Kandler, C., Bleidorn, W., & Riemann, R. (2012) Left or right? Sources of political orientation: The roles of genetic factors, cultural transmission, assortative mating, and persponality. Journal of Personality and Social Psychology, 102(3), 633-645

26. Hatemi, P.K., Funk, C.L., Medland, S.E., Maes, H.M., et al. (2009). Genetic and environmental transmission of political attitudes over a life time. The Journal of Politics, 71(3), 1141-1156

27. Fearon, R.M.P., van IJzendoorn, M.H., Fonagy, P., Bakermans-Kranenburg, M.J., et al. (2006). In search of shared and nonshared environmental factors in security of attachment: A behavior-genetic study of the association between sensitivity and attachment security. Developmental Psychology, 42(6), 1026-1040

28. Picardi, A., Fagnani, C., Nisticò, L., & Stazi, M.A. (2011). A twin study of attachment style in young adults. Journal of Personality, 79(5), 965-991.

29. Taylor, J., & Hart, S.A. (2014). A chaotic home environment accounts for the association between respect for rules disposition and reading comprehension: A twin study. Learning and

Individual Differences, 35, 70-77

30. Plomin, R., & von Stumm, S. (2018). The new genetics of intelligence. Nature Reviews Genetics, 19(3), 148-159

31. Okbay, A., Wu, Y., Wang, N., Jaysahankar, H., et al. (2022). Polygenic prediction of educational attainment within and between families from genome-wide association analyses in 3 million individuals. Nature Genetics, 54(4), 437-449

32. Harden, K.P., Domingue, B.W., Belsky, D.W., Boardman, J.D., et al. (2020). Genetic associations with mathematics tracking and persistence in secondary school. NPJ Science of Learning, 5(1)

33. 무시아케 하지메 (2018). 배우는 뇌: 멍하니 있는 것은 의미가 있다(学ぶ脳: ぼんやりにこそ意味がある). 이와나미쇼텐

34. 니키 가즈히사 (2022). 인간의 배움과 성장, Well being을 지탱하는 3가지 '뇌의 원리'(人間の学びと成長、Well being を支える３つの「脳の原理」). 차일드사이언스, 일본어린이학회, VOL.23

35. Jakob, H. (2021). The predictive mind. Oxford University Press, USA

36. 젠 도시로, 사카구치 유타카 (2020). 뇌의 대통일 이론: 자유 에너지 원리란 무엇인가(脳の大統一理論: 自由エネルギー原理とはなにか), 이와나미쇼텐

37. Krapohl, E., et al. (2014). The high heritability of educational achievement reflects many genetically influenced traits, not just intelligence. PNAS, 111(42), 15273–15278

38. Hakstian, A.R., & Cattell, R.B. (1978). Higher-stratum ability structures on a basis of twenty primary abilities. Journal of Educational Pychology, 70(5), 657-669

39. Heckman, J., Pinto, R. & Savelyev, P. (2013). Understanding the mechanisms through which an influential early childhood program boosted adult outcomes. American Economic Review, 103(6), 2052-2086

40. Walter, M. (2015). The marshmallow test-understanding self-control and how to master it. Corgi Books

41. Friedman, N.P., Miyake, A., Robinson, J.L., & Hewitt, J.K. (2011). Developmental trajectories in toddlers' self-restraint predict individual differences in executive functions 14 years later: A behavioral genetic analysis. Developmental Psychology, 47(5), 1410-1430

42. Nakamuro, M., & Inui, T. (2012). Estimating the returns to education using a sample of twins. The case of Japan. RIETI Discussion Paper Series, 12-E-076

43. Philip, Z. & Coulombe, N.D. (2017). The man disconnected: How the digital age is changing young men forever. Ebury Press

44. Kaili, R., Kovas, Y., Dale, P.S., & Plomin, R. (2016). True grit and genetics: Predicting academic achievement from personality. Journal of Personality and Social Psychology, 111(5), 780-789

45. Burgoyne, A.P., Carroll, S., Clark, D.A., Hambrick, D.Z., et al. (2020). Can a brief intervention alter genetic and environmental influences on psychological traits? An experimental behavioral genetics approach. Learning and Motivation, 72, 101683

46. Ando, J., Murayama, K., Yamagata, S., Shi kishima, C., et al. (2008). How do high school

students learn?: Genetics of academic performance, learning attitude, and school environment. Behavior Genetics Association 38th Annual Meeting

47. 오쿠다 엔지, 호리이 다이스케, 가노 도시후미 (2002). 체력·운동 능력의 개인차에 대한 유전과 환경의 영향: 아동 쌍둥이 연구. 일본체육학회 제53회대회

48. Belsky, D.W., et al. (2018). Genetic analysis of social-class mobility in five longitudinal studies. PNAS, 115(31), E7275-E7284

49. Wertz, J., Caspi, A., Belsky, D.W., Beckley, A.L., et al. (2018). Genetics and crime: Integrating new genomic discoveries into psychological research about antisocial behavior. Psychological Science, 29(5), 791-803

50. Domingue, B.W., Liu, H., Okbay, A., & Belsky, D.W. (2017). Genetic heterogeneity in depressive symptoms following the death of a spouse: Polygenic score analysis of the U.S. health and retirement study. American Journal of Psychiatry, 174(10), 963–970

51. Turkheimer, E., Haley, A., Waldron, M., Brian D'Onofrio, B., et al. (2003). Socioeconomic status modifies heritability of IQ in young children. Psychological Science, 14(6), 623-628

52. 뤼트허르 브레흐만 (2021). 휴먼카인드. 인플루엔셜

53. 장 자크 루소. 에밀

54. Eyler, L.T., Prom-Wormley, E., Panizzon, M.S., Kaup, A.R., et al. (2011). Genetic and environmental contributions to regional cortical surface area in humans: A magnetic resonance imaging twin study. Cerebral Cortex, 21(10), 2313-2321

55. 스티븐 핑커 (2004). 빈 서판. 사이언스북스

포기하는 사람에서 끝까지 해내는 사람으로

운명을 뛰어넘는 힘

인쇄일 2023년 3월 20일
발행일 2023년 3월 27일

지은이 안도 주코
옮긴이 오시연
펴낸이 유경민 노종한
책임편집 김세민
기획편집 유노책주 김세민 **유노북스** 이현정 함초원 **유노라이프** 박지혜 장보연
기획마케팅 1팀 우현권 **2팀** 정세림 유현재 정혜윤 김승혜
디자인 남다희 홍진기
기획관리 차은영
펴낸곳 유노콘텐츠그룹 주식회사
법인등록번호 110111-8138128
주소 서울시 마포구 월드컵로20길 5, 4층
전화 02-323-7763 **팩스** 02-323-7764 **이메일** info@uknowbooks.com

ISBN 979-11-92300-54-2 (03190)